AMOURS, GALANTERIES, INTRIGUES,

RUSES ET CRIMES

DES

CAPUCINS ET DES RELIGIEUESS.

T. 3. FRONT.

AMOURS,

GALANTERIES, INTRIGUES,

Ruses et crimes

DES

CAPUCINS ET DES RELIGIEUSES,

depuis les temps les plus reculés jusqu'à nos jours,

PAR UN R. PÈRE.

TOME TROISIÈME.

AMSTERDAM ET PARIS.

1788.

AMOURS, GALANTERIES, INTRIGUES, RUSES ET CRIMES DES CAPUCINS ET DES RELIGIEUSES.

CHAPITRE XXIV.

Agnès laisse tomber la lettre. — Elle est lue par le père Ambrosio.

Après les vêpres, tous les moines s'étaient retirés dans leurs cellules; le prieur seul était resté dans la chapelle où devaient se rendre les religieuses du couvent voisin. Il n'attendit pas longtemps. A peine avait-il eu le temps de se placer à son confessionnal, lorsque l'abbesse de Sainte-Claire arriva avec sa suite. Chacune des religieuses fut entendue à son tour; toutes les autres attendaient avec l'abbesse dans la sacristie. Ambrosio écouta attentivement toutes les confessions, fit des remontrances, exhorta, emjoignit des pénitences; tout se passait, en un mot, comme il est d'usage, lorsqu'un accident vint tout à coup occasionner du trouble parmi le troupeau des pieuses cénobites.

Une jeune religieuse, occupée apparemment à considérer la figure du révérend père, laissa tomber par mégarde, à ses pieds, une lettre qu'elle tenait cachée dans son sein. Sa confession finie, elle se retirait sans s'apercevoir de sa perte. Ambrosio vit le papier, le ramassa, et s'imaginant que c'était quelque lettre écrite à cette jeune personne par ses parents, il s'empressa de la lui rendre.

— Ma sœur, ma sœur, lui cria-t-il, vous avez laissé tomber quelque chose.

Comme le papier se trouvait en ce moment presque tout-à-fait ouvert dans la main d'Ambrosio, son œil lut involontairement, à la lueur d'une petite lampe qui brûlait près de lui, les deux ou trois premiers mots de la lettre. Il tressaillit d'étonnement. La religieuse s'était retournée à sa voix; elle aperçut sa lettre dans les mains du moine, et poussant un cri d'effroi, elle accourut pour la recevoir.

— Arrêtez, lui dit Ambrosio d'un ton sévère, je dois prendre connaissance de cette lettre.

— Quoi! vous voulez... ah ciel! je suis perdue! s'écria-t-elle douloureusement en joignant ensemble ses deux mains. Pâle et tremblante, elle fut obligée de jeter, pour se soutenir, ses deux bras autour des piliers qui supportaient la voûte de la chapelle, tandis que le prieur lisait la lettre suivante :

« Tout est prêt pour votre évasion, ma chère Agnès; la nuit prochaine je vous attendrai à minuit à la porte du jardin, dont je me suis procuré la clef, et quelques heures suffiront pour vous conduire en lieu de sûreté. Bannissez les vains scrupules; il ne vous est pas permis de rejeter les moyens de salut qui vous sont offerts, pour vous et pour l'innocente créature que vous portez dans votre sein. Souvenez-vous que vous aviez promis d'être à moi, longtemps avant l'époque de vos vœux religieux. Songez que bientôt vous ne pourrez plus cacher votre état aux yeux de vos compagnes et que la fuite est le seul moyen qui vous reste pour éviter l'effet de leur malveillance. Adieu, mon Agnès, ma chère, mon unique épouse. Ne manquez pas de vous trouver au jardin demain, à minuit. »

Après avoir lu, Ambrosio jeta sur l'imprudente religieuse un regard de colère et de mépris.

— Mon devoir m'oblige, dit-il, à remettre cette lettre entre les mains de votre abbesse.

Au même instant il se disposa à sortir de la chapelle.

Ces mots furent un coup de foudre pour Agnès. Frappée du danger de sa situation, elle courut après lui,et de toute sa force le retint par la robe.

— Ambrosio, digne Ambrosio, s'écria-t-elle avec l'accent du désespoir, je me jette à vos pieds, je les baigne de mes larmes. Mon père, ayez compassion de ma jeunesse. Regardez d'un œil indulgent la faiblesse d'une femme; daignez m'aider à cacher ma faute. Je l'expierai, j'en ferai pénitence le reste de ma vie, et votre bonté aura ramené une âme dans les voies du ciel.

—Prétendez-vous que je puisse être confidentiellement le partisan du crime? Souffrirai-je que le couvent de Sainte-Claire devienne un lieu de prostitution? que l'église du Christ nourrisse dans son sein la honte et la débauche? Malheureuse! l'indulgence ferait de moi votre complice ; votre crime deviendrait le mien. Vous vous êtes livrée aux coupables désirs d'un séducteur; vous avez, par votre impureté, déshonoré l'habit que vous portez. Vous osez réclamer ma compassion! Laissez-moi, cessez de me retenir. Où est madame l'abbesse? ajouta-t-il en élevant la voix.

— Mon père, ô mon père, écoutez-moi un seul moment. Ne m'accusez ni d'impureté, ni de débauche, ni de prostitution. Longtemps avant que je prisse le voile, Raymond était maître de mon cœur; il m'inspira la tendresse la plus pure, la plus irréprochable. Il était sur le point de devenir mon légitime époux. Je suis coupable d'un seul instant d'égarement, et bientôt je vais devenir mère. O mon père! prenez pitié de moi; prenez pitié de l'innocente créature dont l'existence est liée à la mienne. Si vous dévoilez mon imprudence à l'abbesse, nous sommes perdus tous deux. Le plus cruel châtiment est prononcé par les lois de Ste-Claire contre mes pareilles. Respectable Ambrosio, que la pureté de votre conscience ne vous rende pas insensible aux peines, au repentir d'un être plus faible que vous! Quelqu'autre vertu réparera ma faute. N'exigez pas la perfection dans les autres. Ayez pitié de moi, révérend père; rendez-moi cette lettre et ne me condamnez pas à un malheur éternel.

— Tant de hardiesse me confond, reprit Ambrosio. Que je cèle votre crime, moi, chef d'un ordre respectable! moi que vous avez trompé par une fausse confession! Non, ma fille, non. Je veux vous rendre un meilleur office. Je veux, en dépit de vous-même, vous détourner de la voie de perdition. La pénitence et la mortification peuvent eucore expier votre offense, et la sévérité sauvera peut-être votre âme. Holà, mère Sainte-Agathe!

— Mon père, par tout ce qu'il y a de plus sacré, par tout ce qui vous est cher, je vous supplie, je vous conjure...

— Cessez, vous dis-je, je ne vous écoute plus. Où est madame l'abbesse? mère Sainte-Agathe, où êtes-vous?

La porte de la sacristie s'ouvrit et la mère Sainte-Agathe parut suivie de ses religieuses.

— Homme cruel, s'écria Agnès en cessant de le retenir.

Agnès, désolée, se frappa la poitrine, déchira son voile et se précipita la face contre terre avec tout le délire du désespoir. Les religieuses, en la voyant en cet état, demeurèrent muettes d'étonnement. Le moine présenta à l'abbesse le papier fatal, en l'informant de quelle manière il était tombé dans ses mains.—C'est à vous, ajouta-t-il, à décider quelle peine mérite la coupable.

A mesure que l'abbesse lisait la lettre, la colère se peignit sur son visage. Un crime de cette nature, commis dans son couvent et découvert par Ambrosio lui-même, par l'homme le plus respecté de tout Madrid! Quelle idée allait-il se former de la régularité de sa maison! Des paroles auraient mal exprimé la fureur de l'abbesse; elle gardait le silence et se contentait de jeter sur la malheureuse Agnès des regards menaçants.

—Qu'on l'emmène au couvent, dit-elle à quelques-unes de ses religieuses.

Deux des plus anciennes s'approchèrent d'Agnès, la relevèrent de vive force, et se disposèrent à sortir avec elle de la chapelle; mais en ce moment, retrouvant son courage, Agnès se dégagea de leurs mains.

— Quoi! s'écria-t-elle avec l'accent de la plus profonde douleur, tout espoir est donc perdu pour moi! Déjà vous me traînez au supplice! Oh! Raymond, Raymond, où êtes-vous? Jetant alors sur le moine un regard terrible : Ecoutez-moi, lui dit-elle, homme vain, orgueilleux, insensible; écoutez-moi, cœur de fer. Vous auriez pu me sauver, me rendre au bonheur et à la vertu, vous ne l'avez pas voulu. Vous êtes le destructeur de mon âme; vous êtes mon meurtrier, et ma mort et celle de mon enfant retomberont sur votre vertu. Insolent dans votre facile vertu, vous avez dédaigné les prières d'un cœur pénitent; mais Dieu sera ce que n'avez point été, miséricordieux envers moi. Où est donc le mérite de cette vertu si vantée? Quelles tentations avez-vous surmontées? Lâche, vous ne devez votre salut qu'à la fuite; vous n'avez jamais vu en face la séduction. Mais le jour de l'épreuve arrivera; laissez venir les passions impétueuses; vous sentirez alors que la faiblesse est l'apanage de l'humanité; vous frémirez en jetant un coup-d'œil rétrograde sur vos crimes; vous implorerez avec terreur la miséricorde de Dieu. Oh! pensez à moi dans ce terrible moment, pensez à votre cruauté ; souvenez-vous de la malheureuse Agnès et désespérez du pardon.

L'énergie avec laquelle elle proféra ces derniers mots ayant épuisé ses forces, elle tomba sans connaissance dans les bras d'une de ses compagnes qui se trouvait près d'elle. Elle fut à l'instant transportée hors de la chapelle, et suivie par toutes les autres.

Ambrosio n'avait point écouté ces reproches sans émotion. Une voix secrète lui disait qu'il avait traité cette jeune fille avec trop de sévérité; il retint donc l'abbesse pendant quelques instants.

— La violence de son désespoir, dit-il, prouve au moins qu'elle n'est pas familiarisée avec le vice. Peut-être qu'en y mettant un peu moins de rigueur, qu'en mitigeant pour elle la pénitence usitée, l'on pourrait...

— Mitiger, mon père? c'est ce que je ne ferai pas, vous pouvez en être assuré. Les lois de notre ordre sont strictes; elles sont un peu tombées en désuétude; le crime d'Agnès me fait voir la nécessité de les faire revivre. Je vais notifier à toute la communauté mes intentions, et Agnès sentira pleinement toute la rigueur de ces lois; je prétends m'y conformer à la lettre. Adieu, mon père.

En disant ces mots, elle sortit précipitamment de la chapelle.

— J'ai fait mon devoir, dit en lui-même Ambrosio; et après quelques instants passés en méditation, il se rendit au réfectoire, où la cloche l'appelait.

CHAPITRE XXV.

Don Lorenzo et le marquis de Las Cisternas.

Le marquis et Lorenzo s'avançaient vers l'hôtel de Las Cisternas sans se dire un seul mot. Le premier était occupé à se rappeler toutes les circonstances dont le récit pouvait présenter à Lorenzo, sous le jour le plus favorable, ses liaisons avec Agnès. L'autre, alarmé pour l'honneur de sa famille, n'était pas peu embarrassé de la manière dont il devait se conduire avec le marquis. L'aventure dont il venait d'être témoin ne lui permettait pas de le traiter comme ami; mais son tendre intérêt pour Antonia ne l'empêchait pas moins de le traiter comme ennemi; et après bien des réflexions, il conclut que le parti le plus sage était de garder le silence, en attendant que don Raymond lui donnât l'explication qu'il désirait.

Ils arrivèrent à l'hôtel ; le marquis le conduisit aussitôt dans son appartement, et commença à lui exprimer toute sa joie de le trouver à Madrid. Lorenzo se hâta de l'interrompre.

— Excusez-moi, lui dit-il d'un ton froid, si je ne réponds pas à tout ce que vous me dites d'obligeant. L'honneur de ma sœur est compromis; tant que vous ne m'aurez pas éclairci cette affaire et le motif de votre correspondance avec Agnès, je ne puis vous regarder comme un ami; il me tarde de vous voir entrer dans ces détails que vous m'avez promis.

— Donnez-moi d'abord votre parole que vous m'écouterez patiemment et avec indulgence.

— J'aime trop ma sœur pour la juger avec précipitation, et jusqu'à ce jour je n'ai pas eu d'ami qui me fût plus cher que vous. Je vous avouerai même que vous avez le pouvoir de m'obliger en un point où mon cœur m'intéresse; ainsi je ne puis que désirer vivement de vous trouver toujours digne de mon estime.

— Lorenzo, vous me comblez de joie; rien ne saurait m'être plus agréable que l'occasion de servir le frère d'Agnès.

— Prouvez-moi que je puisse accepter vos services sans déshonneur, et il n'y a pas d'homme au monde à qui j'aimasse mieux devoir de la reconnaissance.

— Probablement, vous avez déjà entendu votre sœur parler d'Alphonse d'Alvarado.

— Jamais ma sœur ne m'en a parlé. Quoique j'aie pour Agnès toute la tendresse d'un frère, les circonstances nous ont tenus jusqu'ici presque toujours séparés l'un de l'autre. Dans son enfance, elle fut confiée aux soins de sa tante, qui avait épousé un gentilhomme allemand. Il n'y a que deux ans qu'elle a quitté le château de ce seigneur, et qu'elle est revenue en Espagne, bieu déterminée à renoncer au monde pour jamais.

— Bon Dieu, Lorenzo, vous connaissiez son intention, et vous n'avez pas fait tous vos efforts pour l'en détourner.

— Marquis, ce reproche est injuste. La résolution de ma sœur, dont je reçus la nouvelle à Naples, m'affligea extrêmement, et je hâtai mon retour à Madrid uniquement pour prévenir ce triste sacrifice. A peine arrivé, je courus au couvent de Sainte-Claire, où Agnès avait désiré d'achever son noviciat. Je demande à voir ma sœur. Figurez-vous ma surprise en recevant de sa part un refus positif; elle me fit dire qu'appréhendant mon influence sur son esprit, elle ne voulait point se risquer à m'entendre avant la veille même du jour où elle devait prendre le voile; je suppliai les religieuses, j'insistai sur la permission de parler à ma sœur, je n'hésitai pas même à leur laisser voir mes soupçons sur ce refus de paraître, auquel on l'avait forcée peut-être. Pour se justifier de cette imputation, l'abbesse m'envoya quelques lignes où je ne pus méconnaître l'écriture d'Agnès, et qui confirmaient le premier message. Les jours suivants je ne réussis pas mieux dans mes efforts pour me procurer avec elle un moment d'entretien. Elle refusa constamment mes visites et ne me permit de la voir que la veille du jour où elle devait pour jamais s'ensevelir dans le cloître. Cette entrevue eut pour témoins nos plus proches parents. C'était la première fois que je la voyais depuis son enfance, et nous fûmes vivement émus l'un et l'autre; elle se jeta dans mes bras, et fondant en larmes, me prodigua les plus tendres caresses. Raisons, instances, prières, je ne négligeai rien pour lui faire oublier son projet; je pleurai, je me jetai à ses genoux, je lui représentai toutes les peines inséparables du cloître ; je peignis à son imagination tous les plaisirs auxquels elle allait dire un éternel adieu; je la conjurai de m'ouvrir son cœur, de me confier ce qui avait pu lui inspirer de l'horreur pour le monde. A cette demande, elle pâlit, détourna son visage, et ses pleurs coulèrent avec plus d'abondance. Elle me pria de ne point insister sur ce point, et cela ne me fit que trop voir que sa détermination était prise, et qu'un couvent était le seul asile où elle pût espérer du repos. Elle resta inébranlable et prononça ses vœux. Depuis, je suis allé la voir souvent au parloir, et chaque fois je sortais d'auprès d'elle avec de nouveaux regrets de l'avoir perdue. Peu de temps après, il me fallut quitter Madrid; je n'y suis de retour que d'hier au soir, et je n'ai pas encore eu le temps d'aller au couvent de Ste-Claire.

— Ainsi, vous n'avez jamais, jusqu'à présent, entendu prononcer le nom d'Alphonse d'Alvarado?

— Je vous demande pardon; ma tante m'écrivit qu'un aventurier de ce nom avait trouvé moyen de s'introduire au château de Lenderberg, de s'insinuer dans les bonnes grâces de ma sœur, et même de la faire consentir à fuir avec lui; mais qu'avant l'exécution de ce projet l'aventurier avait été instruit que des terres situées dans la Nouvelle Espagne, au lieu d'appartenir à Agnès, comme il le croyait, étaient réellement à moi; que d'après cette information, changeant de dessein, il avait disparu le même jour où il devait fuir avec Agnès; et que celle-ci, désespérée de tant de perfidie et de bassesse, avait résolu de se retirer dans un couvent; elle ajoutait que cet aventurier s'étant donné pour être un de mes amis, elle désirait savoir s'il était connu de moi. Je lui répondis que je n'avais aucun ami de ce nom; j'étais loin de penser qu'Alphonse d'Alvarado et le marquis de Las Cisternas fussent la même personne. Ce qu'on me disait du premier ne pouvait en aucune manière me faire deviner le second.

— Je reconnais bien là toute la perfidie de dona Rodolphe. Chaque mot de cette lettre dont vous me parlez porte l'empreinte de sa méchanceté, de sa mauvaise foi et de son adresse à présenter sous des couleurs odieuses ceux à qui elle veut nuire; pardon, Medina, si je parle avec cette liberté de votre parente. Tout le mal qu'elle m'a fait justifie mon ressentiment contre elle; et quand vous m'aurez entendu, vous resterez convaincu qu'il n'y a dans mes expressions rien de trop sévère.

Il commença son récit en ces termes :

Histoire de don Raymond, marquis de Las Cisternas.

Une longue expérience, mon cher Lorenzo, m'a prouvé combien votre cœur est généreux; vous venez de me déclarer vous-même que vous aviez ignoré tout ce qui regarde votre sœur; je n'avais pas besoin de cette assurance pour supposer qu'on vous en avait, à dessein, fait un mystère. Si vous aviez été mieux instruit, que de chagrins auraient pu être épargnés à votre sœur et à moi! Le destin en a autrement ordonné. Vous étiez dans le cours de vos voyages quand, pour la première fois, je fis connaissance avec Agnès; et comme nos ennemis avaient pris soin de lui cacher le nom des lieux où elle eût pu vous écrire, il lui fut impossible d'implorer, par lettres, votre protection et vos conseils.

En quittant l'université de Salamanque, où, comme je l'ai su depuis, vous restâtes une année après moi, je me disposai à commencer mes voyages. Mon père pourvut à ma dépense avec beaucoup de générosité; mais il m'enjoignit expressément de cacher mon rang et de ne me présenter que comme un simple gentilhomme. Cet ordre, il me le donnait par déférence aux conseils de son ami le duc de Villa-Hermosa, dont j'avais toujours révéré le mérite et la connaissance parfaite qu'il avait du monde.

— Croyez-moi, mon cher Raymond, disait-il, vous recueillerez dans la suite les fruits de cette dégradation passagère. Il est certain qu'en votre qualité de comte de Las Cisternas on vous recevrait partout les bras ouverts, et la vanité de votre âge serait flattée des égards qu'on vous témoignerait en tous lieux. En cachant votre nom, vous ne pourrez plus compter que sur vous-même. Vous avez d'excellentes recommandations; ce sera maintenant votre affaire d'en tirer parti. Il vous faudra prendre la peine de plaire, de gagner l'estime de ceux à qui vous serez présenté. Ceux qui auraient brigué l'amitié du comte de Las Cisternas n'auront aucun intérêt à déprécier les bonnes qualités ou à supporter les défauts d'Alphonse d'Alvarado; ainsi, lorsque vous parviendrez à vous faire aimer, vous serez sûr de le devoir à votre mérite et non à votre rang, et l'intérêt qu'on vous montrera vous paraîtra bien plus flatteur. D'ailleurs, votre naissance ne vous permettrait pas de vous mêler aux plus basses classes de la société; vous le pourrez sous un autre nom, et vous en tirerez de grands avantages. Ne vous bornez pas à ne voir que les hommes les plus distingués dans tous les lieux où vous passerez; examinez les usages et les mœurs du peuple, entrez dans les chaumières; et, en observant comment les vassaux des autres sont traités, apprenez à diminuer les charges et à augmenter le bien-être des vôtres. Rien, à mon avis, ne peut former un jeune homme à être un jour riche et puissant, que les fréquentes occasions d'être témoin par lui-même des souffrances du peuple.

Pardonnez-moi, Lorenzo, d'être si minutieux dans mon récit; mais les rapports qui maintenant existent entre nous exigent que j'entre dans tous ces détails; et je craindrais si fort d'omettre la plus petite circonstance qui pût vous faire penser défavorablement de votre sœur et de moi, que j'aime mieux risquer de vous paraître quelquefois un peu prolixe.

Je suivis le conseil du duc, et j'en reconnus bientôt la sagesse. Je quittai l'Espagne, prenant le nom d'Alphonse d'Alvarado et accompagné d'un seul domestique, d'une fidélité éprouvée. Paris fut mon premier séjour. Pendant quelque temps je fus enchanté de cette ville, où l'on goûte toutes sortes de plaisirs. Mais bientôt je la quittai pour me rendre en Allemagne, me proposant d'y visiter les cours principales. Cependant, avant de quitter la France, je comptais m'arrêter quelques jours à Strasbourg. Comme j'étais descendu à Lunéville pour prendre quelques rafraîchissements, je remarquai à la porte du Lion d'Argent un brillant équipage et quatre domestiques en riche livrée. Bientôt je vis une dame d'un extérieur très-noble, accompagnée de deux femmes de chambre, monter dans la voiture, qui partit aussitôt.

Je demandai à l'hôte quelle était cette dame.

—Une baronne allemande, monsieur, d'un rang et d'une fortune considérables; ses domestiques m'ont dit qu'elle avait été voir la baronne de Longueville, et à présent elle se rend à Strasbourg, où elle trouvera son époux; de là ils retourneront tous deux en Allemagne.

Je remontai dans ma chaise pour arriver le soir à Strasbourg. Je fus trompé dans mon espérance. Au milieu d'une forêt très-épaisse, l'essieu de ma voiture se rompit, et je me trouvai fort embarrassé sur les moyens de continuer ma route. C'était dans le cœur de l'hiver, au commencement de la nuit,et point de ville plus proche que Strasbourg, dont nous étions, au rapport du postillon, encore éloignés de plusieurs lieues. Il me sembla, qu'à moins de passer la nuit dans la forêt, je n'avais d'autre ressource que de prendre le cheval de mon domestique et de courir jusqu'à Strasbourg, expédient très-peu agréable dans la saison où nous étions. Cependant, faute de mieux, je me déterminai à prendre ce parti ; je communiquai mon dessein au postillon,et lui dis qu'en arrivant à Strasbourg je lui enverrais du monde pour le tirer d'embarras. Je ne me fiais pas beaucoup à son honnêteté; mais comme il était déjà avancé en âge et Stephano, mon domestique, bien armé, je crus pouvoir sans risque laisser mon bagage.

Par bonheur, du moins je le pensais alors, il se présenta une occasion de passer la nuit plus agréablement que nous nous n'osions l'espérer. En m'entendant parler de me rendre seul à Strasbourg, le postillon secoua la tête, comme ne paraissant pas approuver mon dessein.

— Il y a bien loin, me dit-il, et vous aurez beaucoup de peine à arriver sans guide; d'ailleurs, monsieur me semble peu accoutumé à un froid si rigoureux; et il est possible qu'il ne puisse le soutenir.

— Eh! qu'ai-je besoin de toutes ces observations? lui dis-je brusquement. C'est surtout en passant la nuit dans ce bois que je risquerais de périr de froid.

— Passer la nuit dans ce bois! répliqua le postillon. Oh! pardieu, nous n'en sommes pas réduits là. Si je ne me trompe, nous ne devons être qu'à très-peu de distance de la chaumière de mon ami Baptiste; c'est un bûcheron, bon vivant d'ailleurs. Je ne doute pas qu'il ne vous reçoive pour cette nuit avec plaisir. Moi, pendant ce temps-là, je prendrai le cheval de selle, j'irai à Strasbourg, et j'emmènerai les ouvriers nécessaires pour que votre voiture soit remise en état demain, à la pointe du jour.

— Eh! au nom de Dieu, lui dis-je, comment avez-vous pu me laisser si longtemps en suspens? Pourquoi ne m'avez-vous pas plus tôt parlé de cette chaumière?

— Je pensais que peut-être monsieur ne daignerait pas accepter.

— Allons donc, quelle folie! eh! vite, conduisez-nous à la maison du bûcheron.

Il obéit et nous le suivîmes; les chevaux parvinrent non sans peine à traîner après nous la voiture brisée. Mon domestique était transi de froid, au point de ne pouvoir plus parler, et moi-même je n'avais pas moins besoin de me réchauffer. En approchant de la maison, qui nous parut petite, mais propre, je fus enchanté de voir à travers les vitres l'éclat d'un bon feu. Notre conducteur frappa à la porte; on fut quelque temps sans répondre. On semblait incertain si on devait nous ouvrir.

— Allons, allons, ami Baptiste, cria le postillon, aussi impatient que nous, que faites-vous donc? Etes-vous endormi, ou bien voudriez-vous refuser un logement pour cette nuit à un voyageur dont la chaise vient de se casser dans la forêt ?

— Ah! est-ce vous, honnête Claude! répondit une voix qui nous parut celle d'un homme; attendez un moment, vous allez entrer.

Aussitôt on tira les verrous, la porte s'ouvrit, et nous vîmes paraître devant nous un homme tenant une lampe dans sa main; il fit à notre guide un accueil amical; puis s'adressant à moi :

— Entrez, monsieur, entrez et soyez le bienvenu. Excusez-moi de ne vous avoir pas ouvert tout de suite, mais il y a tant de coquins dans les environs, qu'avec le respect que je vous dois je vous soupçonnais de la bande.

En parlant ainsi, il me fit entrer dans la salle où était le bon feu que j'avais aperçu de loin, et me présenta un fauteuil qui était près de la cheminée. Une femme, que je supposai être l'épouse de mon hôte, se leva dès que j'entrai, me reçut avec une révérence froide et contrainte, et, sans répondre un seul mot à mes civilités, reprit en s'asseyant l'ouvrage auquel elle était occupée. Les manières de son mari étaient aussi prévenantes et ouvertes que les siennes étaient rudes et repoussantes.

— Monsieur, me dit le bûcheron, je voudrais bien pouvoir vous loger plus convenablement. Cette maison est peu commode; cependant, nous ferons de notre mieux pour vous donner deux chambres, l'une pour vous et l'autre pour votre domestique. Il faudra vous contenter d'une chère peu délicate; mais tout ce que nous avons, nous vous l'offrons de bon cœur. Puis se tournant vers sa femme : Marguerite, pourquoi restez-vous assise comme si vous n'aviez rien à faire? Allons, remuez-vous, faites les lits et préparez nous à souper. Mettez aussi quelques morceaux de bois dans le feu, car monsieur meurt de froid.

Marguerite jeta aussitôt son ouvrage sur la table et se mit en devoir d'exécuter, mais à regret, les ordres de son mari. Sa figure m'avait déplu dès le premier moment, quoiqu'elle eût tous ses traits fort beaux; mais elle était pâle, sèche et maigre; son regard sombre et ses manières revêches, tout en elle annonçait un mauvais caractère. Dans chacun de ses mouvements perçaient le mécontentement et l'impatience, et ses réponses à Baptiste, quand il lui reprochait gaiement de se montrer si peu aimable, étaient aigres, courtes et piquantes. En un mot, dès le premier coup-d'œil, je conçus pour elle autant de dégoût que son mari m'avait inspiré d'estime et de confiance. La figure de Baptiste était franche et ouverte, ses façons avaient toute la simplicité d'un bon paysan, sans en avoir la rudesse; ses joues étaient pleines, larges et rubicondes. Les rides de son front me firent juger qu'il pouvait avoir soixante ans; mais il portait fort bien son âge et semblait encore dispos et plein de vigueur. Sa femme ne devait pas avoir plus de trente ans; mais en bonne humeur et en vivacité, elle était beaucoup plus vieille que lui.

En dépit de sa mauvaise volonté, Marguerite se mit à préparer le souper, tandis que Baptiste s'entretenait gaiement avec moi sur différents sujets. Le postillon, à qui l'on avait donné quelques verres d'eau-de-vie, se disposait à partir pour Strasbourg, et me demanda si je n'avais pas d'autres ordres à lui donner.

— Partir pour Strasbourg! s'écria Baptiste, vous n'irez pas cette nuit.

— Je vous demande pardon; si je ne vais pas chercher des ouvriers, comment monsieur fera-t-il demain pour se mettre en route?

— Oui, vous avez raison; je ne songeais pas à la voiture; mais au moins vous souperez ici auparavant; cela ne vous retardera pas de beaucoup, et monsieur me paraît avoir trop bon cœur pour vous laisser partir avec l'estomac vide par une nuit si froide.

Je consentis volontiers à la proposition de Baptiste, et je dis au postillon qu'il m'était assez indifférent d'arriver le lendemain à Strasbourg une heure plus tôt ou plus tard. Il me remercia, et sortant avec Stephano, il mit ses chevaux dans l'étable du bûcheron. Baptiste les suivit jusqu'à la porte de la chaumière, et là regardant de tous côtés avec inquiétude :

— Sans doute, s'écria-t-il, c'est ce maudit vent de bise qui retient mes enfants. Je m'étonne qu'ils ne soient pas encore de retour. Monsieur, j'ai à vous faire connaître deux des plus beaux garçons que vous ayez encore vus ; l'aîné a vingt-trois ans et le cadet un an de moins ; vous ne trouveriez pas dans les environs de Strasbourg leurs égaux en bon sens, en courage et en activité. Ils devraient déjà être ici; je commence à craindre qu'il ne leur soit arrivé quelque chose.

Marguerite, pendant ce temps, était occupée à mettre le couvert.

— Et vous, lui dis-je, êtes-vous aussi inquiète pour vos enfants?

— Moi! répondit-elle avec aigreur, ce ne sont pas mes enfants.

— Allons, allons, Marguerite, dit le mari, n'en voulez pas à monsieur pour vous avoir fait une question si naturelle; si vous ne nous regardiez de travers, il n'aurait jamais pensé que vous fussiez d'âge à avoir des enfants de vingt-trois ans; mais vous voyez combien l'air maussade et rechigné vous vieillit. Excusez l'impolitesse de ma femme, monsieur; il faut peu de chose pour la mettre de mauvaise humeur, et elle est un peu piquée contre vous de ce que vous lui avez supposé plus de trente ans. C'est là vérité, n'est-ce pas, Marguerite? Vous savez, monsieur, que les femmes ne plaisantent jamais sur cet article. N'y pensez plus, Marguerite, et déridez-vous un peu. Si vos enfants ne sont pas encore aussi âgés, ils le seront dans une vingtaine d'années, et j'espère que nous vivrons assez pour les voir devenir d'aussi braves garçons que Jacques et Robert.

— Bon Dieu! s'écria Marguerite en joignant les mains avec transport, bon Dieu, si je le croyais, je les étranglerais moi-même.

Elle quitta aussitôt la chambre et monta l'escalier.

Je ne pus m'empêcher de témoigner au bûcheron combien je le plaignais d'être lié pour la vie avec une femme de ce caractère.

— Oh! monsieur, chacun a sa part de souffrances dans ce monde, et Marguerite est la mienne. Après tout, elle n'est que maussade et point méchante; le pire est que son affection pour deux enfants qu'elle a eus de son premier mari lui fait haïr mes deux garçons; elle ne peut supporter leur vue, et si je l'écoutais, ils ne mettraient jamais le pied dans la maison; mais je tiens bon sur ce point, et je ne consentirai jamais à abandonner ces pauvres enfants à la merci du monde, comme elle m'a bien des fois pressé de le faire. Sur tout le reste, je ne la contrarie jamais, et j'avoue qu'elle conduit fort bien le ménage.

Nous en étions là, lorsqu'un grand cri plusieurs fois répété fit retentir la forêt.

— Ce sont mes enfants, j'espère! s'écria Baptiste, et il courut ouvrir la porte.

Nous pûmes alors distinguer le bruit de plusieurs chevaux, et bientôt après une voiture escortée par quelques hommes à cheval s'arrêta à la porte de la cabane. Un des cavaliers demanda à quelle distance ils étaient de Strasbourg. Comme il s'était adressé à moi, je lui répondis ainsi que Claude m'avait répondu. Aussitôt une volée d'imprécations tomba sur les postillons pour s'être ainsi égarés de leur route. Puis on alla informer ceux qui étaient dans la voiture qu'il restait encore beaucoup de chemin à faire, et que malheureusement les chevaux étaient trop fatigués pour aller plus loin. Ce rapport nous parut faire beaucoup de peine à une dame, qui nous sembla être la maîtresse des autres; mais comme il n'y avait point de remède, un des domestiques demanda au bûcheron s'il pouvait les loger pour une nuit.

Le bûcheron montra beaucoup d'embarras et répondit que non, ajoutant qu'un Espagnol et son domestique étaient déjà en possession des deux chétives chambres qu'il pouvait donner. Sur cette réponse, la galanterie, naturelle à ma nation, ne me permit pas de garder pour moi un logement dont une femme avait besoin, et je me hâtai de dire à Baptiste que je cédais tous mes droits à cette dame; il fit quelques objections que je n'écoutai pas, et courus à la voiture; j'ouvris la portière et j'aidai la dame à descendre. Je la reconnus aussitôt pour la même personne que j'avais vue à Luneville. Je saisis un moment pour demander son nom à ses domestiques; ils me répondirent que c'était la baronne de Lenderberg.

Il me fut aisé de remarquer beaucoup de différence entre l'accueil fait par notre hôte aux nouveaux venus et celui qu'il m'avait fait à moi-même. Sa répugnance à les recevoir était visible et il eut bien de la peine à dire à la baronne qu'elle était la bienvenue. Je la conduisis près du feu et lui donnai le fauteuil que j'avais occupé.

Elle me remercia avec beaucoup de grâce et me fit mille excuses sur l'embarras où je me trouverais moi même. Tout-à-coup la figure du bûcheron s'éclaircit.

— A la fin j'ai tout arrangé, dit-il, je puis vous loger vous et votre suite, madame, sans que monsieur souffre de sa politesse. Nous avons deux petites chambres; l'une sera pour vous, madame, et l'autre pour vous, monsieur. Ma femme cèdera la sienne aux deux femmes de chambre; quant aux domestiques, ils voudront bien se contenter pour cette nuit d'une grange très-vaste, qui n'est qu'à peu de distance de la maison; ils y trouveront un bon feu et un souper aussi bon qu'il nous sera possible de leur donner.

Après beaucoup de remercîments de la part de la baronne et beaucoup d'opposition de la part de Marguerite, qui était peu disposée à céder son lit, on s'en tint à cet arrangement. Comme la chambre était petite, la baronne, ne retenant que ses deux femmes, congédia les autres domestiques; et Baptiste se disposait à les conduire à la grange, dont il avait parlé, quand ses deux fils Jacques et Robert parurent à la porte.

— Mort et furies! dit le premier en reculant

quelques pas, Robert, la maison est pleine d'étrangers.

— Ah! ce sont mes enfants! s'écria notre hôte; eh bien, Jacques, Robert, pourquoi n'entrez-vous pas? Il reste assez de place pour vous, garçons.

A ces mots, les deux jeunes gens entrèrent. Leur père les présenta à la baronne et à moi; ensuite il conduisit nos domestiques à la grange, tandis que Marguerite mena les deux femmes de chambre, qui venaient de l'en prier, à l'appartement destiné à leur maîtresse.

Les deux nouveaux venus étaient grands, robustes et bien faits, les traits durs et le teint hâlé. Ils nous firent leurs compliments en peu de mots et traitèrent Claude, qui venait d'entrer, comme une ancienne connaissance; ensuite ils se débarrassèrent chacun de son manteau et d'un baudrier de cuir; ils tirèrent de leur ceinture une paire de pistolets, qu'ils posèrent sur une table.

— Vous marchez bien armés, leur dis-je.

— Il est vrai, monsieur, répondit Robert; nous avons quitté Strasbourg assez tard, et il est bon de prendre des précautions pour traverser de nuit la forêt; elle n'a pas une bonne réputation, je vous assure.

— Comment! dit la baronne, est-ce qu'il y a des voleurs?

— On le dit, madame; pour moi, j'ai passé dans la forêt à toute heure et je n'en ai jamais rencontré.

Marguerite revint dans ce moment; ses beaux-fils l'entraînèrent dans un coin de la chambre et chuchotèrent avec elle durant quelques minutes; par les regards qu'ils jetaient sur nous de temps en temps, je conjecturai qu'ils lui demandaient ce qui nous avait amenés dans la maison.

Pendant qu'ils parlaient à Marguerite, la baronne exprimait ses craintes sur l'inquiétude où serait son époux en ne la voyant pas revenir. Elle avait eu dessein d'envoyer un de ses gens au baron pour le rassurer; mais ce qu'on venait de dire sur les dangers de la forêt ne lui permettait plus d'user de ce moyen. Claude la tira d'embarras; il fallait absolument, lui dit-il, qu'il allât à Strasbourg cette nuit, et si madame voulait lui confier une lettre, il la remettrait fidèlement.

— Et comment se fait-il, observai-je à Claude, que vous n'ayez aucune crainte de rencontrer les brigands?

— Hélas! monsieur, un pauvre homme, chargé

d'une famille nombreuse, ne doit pas pour un petit danger sacrifier un bénéfice certain; car peut-être que monseigneur le baron me donnera quelque chose pour ma peine. D'ailleurs, je n'ai rien à perdre que ma vie, et cela ne vaut pas la peine d'être pris par les voleurs.

Je trouvai son raisonnement très-mauvais, et je lui conseillai d'attendre jusqu'au lendemain matin; mais la baronne ne me secondant pas, je fus forcé de ne pas insister davantage. La baronne de Lenderberg, comme j'en ai été convaincu par la suite, avait depuis longtemps pris l'habitude de sacrifier l'intérêt des autres au sien propre, et le désir qu'elle avait d'envoyer Claude à Strasbourg lui fermait les yeux sur les dangers de cette course. Il fut donc arrêté que Claude partirait tout de suite. La baronne écrivit un mot à son époux et moi à mon banquier pour le prévenir que je n'arriverais à Strasbourg que le lendemain. Claude prit ces lettres et partit.

La baronne déclara que ce voyage l'avait extrêmement fatiguée, attendu qu'elle venait de loin et que les postillons avaient eu la maladresse de s'égarer longtemps dans la forêt; puis s'adressant à Marguerite, elle la pria de trouver bon qu'elle allât se reposer une demi-heure. Une des femmes de chambre fut aussitôt appelée; elle vint avec une lumière, et la baronne la suivit. Comme on devait souper dans la chambre où j'étais, Marguerite me donna bientôt à entendre que je la gênais beaucoup, et je me retirai dans la chambre où je devais coucher.

— Quelle chambre est-ce, ma mère? dit Robert.

— La chambre verte, répondit-elle. Je me suis donné beaucoup de peine pour la nettoyer et j'ai mis des draps blancs au lit; si monsieur s'avise de s'étendre dessus, il pourra le refaire, je ne m'en mêle plus.

— Vous n'êtes pas de bonne humeur, ma mère; mais c'est là votre habitude. Voulez-vous bien me suivre, monsieur?

Il ouvrit la porte et s'avança vers un escalier fort étroit.

— Vous ne prenez pas de la lumière? dit Marguerite; est-ce à vous ou à monsieur que vous voulez rompre le col?

Elle vint aussitôt se mettre entre son beau-fils et moi, un flambeau à la main. Robert prit le flambeau et commença à monter. Son frère Jacques, occupé à mettre le couvert, avait le dos tourné de notre côté. Marguerite saisit ce moment; elle prit ma main, et la serrant avec force :

— Regardez les draps de votre lit, me dit-elle en passant près de moi; et aussitôt elle se rapprocha de Jacques.

Frappé de son action et de ses paroles, je restai immobile; mais la voix de Robert, qui me priait de le suivre, me rappela bientôt à moi-même. Je montai donc l'escalier. Mon conducteur me fit entrer dans une chambre où l'on avait allumé un très-bon feu; il mit le flambeau sur la table et me demanda si je n'avais plus rien à lui ordonner. Je le remerciai et il me quitta. Vous vous doutez bien que le premier moment où je me vis seul fut celui où je suivis le conseil de Marguerite. Je saisis le flambeau, je courus au lit et je renversai la couverture. Quelle fut ma surprise, mon horreur, en voyant ces draps rouges de sang.

Aussitôt mille idées confuses se présentèrent à mon esprit; les brigands qui infestaient le bois, l'exclamation de Marguerite au sujet de ses enfants, les armes et la figure des deux jeunes gens, et les différentes anecdotes que j'avais ouï raconter sur la secrète intelligence qui existe souvent entre les postillons et les voleurs, tous ces souvenirs qui s'offraient à la fois me remplirent de soupçons et d'épouvante.

J'étais à chercher par quels moyens je pourrais m'assurer positivement de ce que j'aurais à craindre, lorsque j'entendis en bas quelqu'un qui allait et venait avec beaucoup de vivacité. Tout alors me semblait suspect. Je m'approchai doucement de la fenêtre qui (attendu que depuis longtemps on n'était pas entré dans cette chambre) était restée ouverte malgré le froid. Sans m'avancer beaucoup, je regardai en bas. Les rayons de la lune me permirent de distinguer un homme que, sans peine, je reconnus pour mon hôte. J'épiai ses mouvements. Il marchait vite, puis il s'arrêtait et semblait prêter l'oreille ; il frappait la terre de ses pieds et la poitrine de ses bras, comme pour se garantir du froid; au moindre bruit, au plus léger son de voix venant de l'intérieur de la maison , au plus petit mouvement de vent parmi les arbres, il s'arrêtait et regardait autour de lui avec inquiétude.

— Que le diable l'emporte! dit-il enfin comme excédé d'impatience, qu'est-ce qui peut le retenir?

Il parlait à voix basse, mais comme il était précisément sous ma fenêtre, je ne perdais aucune de ses paroles.

J'entendis alors le pas de quelqu'un qui approchait. Baptiste alla au devant et rejoignit un homme, qu'à sa petite taille et au cornet suspendu à son col je reconnus pour mon perfide Claude, que j'avais supposé être en route pour Strasbourg. Espérant que leur entretien pourrait me donner quelque lumière sur ma situation, je n'eus rien de plus pressé qu'à me mettre en état de l'entendre sans aucun risque. En conséquence je me hâtai d'éteindre le flambeau qui était sur une table près du lit; la flamme du feu n'était pas assez forte pour me trahir, et j'allai reprendre ma place à la fenêtre.

Les deux objets de ma curiosité étaient encore ensemble. Je suppose que tandis que j'éteignais la lumière, le bûcheron avait grondé Claude d'avoir tardé si longtemps, car à mon retour à la fenêtre Claude était occupé à s'excuser.

— Quoi qu'il en soit, disait-il, je vais par ma diligence réparer le temps perdu.

— A cette condition, répondit Baptiste, je vous pardonnerai volontiers; mais en vérité, comme vous avez dans nos prises une part égale à la nôtre, vous devriez bien, pour votre propre intérêt, y mettre toute l'activité possible. Il serait honteux de laisser échapper une si belle proie. Vous dites que son domestique prétend qu'il est riche?

— Son domestique s'est vanté à l'auberge que les effets qu'il y a dans la voiture valent plus de deux mille pistoles.

— Oh! combien je maudis l'imprudente vanité de Stephano.

— Et l'on m'a dit, continua le postillon, que la baronne avait emporté avec elle un écrin d'une valeur immense.

— A la bonne heure, mais j'aimerais mieux qu'elle ne fût pas venue chez moi. L'Espagnol était une prise assurée. Mes enfants et moi nous serions aisément venus à bout du maître et du domestique, et les deux mille pistoles auraient été distribuées entre nous quatre. A présent nous serons obligés de partager avec la bande et peut-être encore la couvée nous échappera-t-elle. Si nos camarades s'étaient déjà retirés à leurs différents postes, quand vous arriverez à la caverne, tout serait perdu. Les domestiques de la baronne sont trop nombreux pour qu'à nous seuls nous puissions les attaquer, à moins que nos associés n'arrivent à temps, il nous faudra, malgré nous, laisser partir demain ces voyageurs sans la plus légère égratignure.

Il est bien malheureux que les postillons qui ont amené la baronne soient précisément ceux de nos camarades qui ne s'entendent pas avec nous. Mais ne craignez rien, ami Baptiste, dans une heure je serai à la caverne; il n'est encore que dix heures, et à minuit vous verrez arriver la troupe. Jusque-là, prenez garde à votre femme; vous savez combien elle a de répugnance pour notre genre de vie; elle peut trouver quelque moyen d'informer de notre dessein les domestiques de la baronne.

— Oh! je suis sûr de son silence; elle me craint trop, elle aime trop ses enfants pour oser trahir mon secret. D'ailleurs, Jacques et Robert ne la perdent pas de vue, et on ne lui laisse pas mettre le pied hors de la maison. Les domestiques sont tranquillement établis dans la grange. J'aurai soin de tenir tout paisible jusqu'à l'arrivée de nos amis. Si j'étais sûr que tu les trouvasses, nous nous déferions à l'instant même des deux étrangers; mais comme il est possible qu'ils ne soient plus à la caverne, j'aurais à craindre d'être forcé demain par les domestiques de leur représenter leurs maîtres.

— Et si quelqu'un des voyageurs venait à découvrir votre dessein?

—Alors il n'y a plus à balancer. Nous poignarderions ceux qui sont entre nos mains, et nous ferions en sorte de surprendre les autres dans la grange. Cependant, pour prévenir tant de risques et d'embarras, cours à la caverne, les voleurs ne la quittent jamais avant onze heures, et si tu fais diligence tu peux arriver à temps pour les avertir.

— Vous direz à Robert que j'ai pris son cheval; le mien a cassé sa bride et s'est échappé dans le bois. Quel est le mot d'ordre?

— La récompense du courage.

— Cela suffit; je cours à la caverne.

— Et moi, je vais rejoindre mes hôtes, de peur qu'une trop longue ebsence ne leur fasse naître quelque soupçon. Adieu,et ne perds pas de temps.

Ces dignes associés se séparerent; l'un alla du côté de l'écurie et l'autre prit le chemin de la maison.

Je vous laisse à juger tout ce que j'avais dû éprouver et sentir pendant cet entretien,dont aucune syllabe ne m'était échappée. Je n'osais me livrer à mes réflexions. Je n'apercevais aucun moyen de me soustraire au péril dont j'étais menacé. Je savais que la résistance était vaine. J'étais sans armes et seul contre trois. Cependant, je résolus de leur vendre ma vie aussi chèrement que je le pourrais. Dans la crainte que Baptiste ne s'aperçût de mon absence et ne soupçonnât que j'avais entendu son entretien avec Claude, je rallumai la chandelle. En descendant, je vis le couvert mis pour six personnes; Marguerite s'occupait à éplucher une salade, et ses beaux-fils causaient tout bas. Baptiste, qui avait le tour du jardin à faire pour rentrer à la maison, n'était pas encore arrivé.

Un signe de l'œil que je fis à Marguerite lui apprit que son avis n'avait pas été perdu. Combien en ce moment je la trouvai différente! Ce qui m'avait paru auparavant maussaderie et mauvaise humeur me parut alors dégoût pour ses associés et compassion pour le péril où j'étais. Je voyais en elle mon unique ressource, quoique, sachant bien qu'elle était surveillée par son mari, je ne pusse fonder que peu d'espérance sur ses bonnes intentions en ma faveur.

Malgré tous mes efforts pour ne rien laisser paraître au dehors, tout en moi n'exprimait que trop visiblement mes secrètes agitations. J'étais pâle,et il y avait dans mes paroles et dans mes mouvements de l'embarras. Les jeunes gens s'en aperçurent et m'en demandèrent la cause. Je répondis que j'avais beaucoup souffert dans la journée de la fatigue et de l'excès du froid. Ils cessèrent de m'embarrasser par leurs questions,et je m'efforçai de bannir de mon esprit la vue du danger qui m'environnait. Je parlai de l'Allemagne, du dessein de m'y rendre bientôt, etc. La baronne me répondait avec beaucoup de politesse. Elle m'assura que le plaisir de faire connaissance avec moi la dédommageait bien du retard qu'éprouvait son voyage, et m'invita d'une manière très-pressante à faire quelque séjour au château de Lenderberg. Tandis qu'elle parlait ainsi, les deux jeunes gens se regardaient avec un sourire malin. Je vis et je compris fort bien leur sourire; mais je cachai l'émotion qu'il venait d'exciter dans mon cœur. Je continuai de m'entretenir avec la baronne; il y avait souvent si peu de liaison dans mes discours qu'elle commença,comme elle me l'a depuis avoué, à douter si j'avais bien l'usage de ma raison. A dire vrai, tandis que je parlais d'un objet, toutes mes idées se portaient sur un autre. Je songeais au moyen de quitter la maison et de courir à la grange avertir les domestiques du dessein de notre hôte; mais je fus bientôt convaincu de l'impossibilité d'exécuter ce projet. Jacques et Robert suivaient tous mes mouvements d'un œil attentif, et il me fallut renoncer à cette idée. Toute mon espérance se borna enfin à ce que le coquin de Claude ne trouvât plus les bandits à la caverne. Dans ce cas, ainsi que je l'avais entendu, on devait nous laisser partir sains et saufs.

Je tressaillis malgré moi à l'instant où Baptiste entra dans la chambre. Il nous fit beaucoup d'excuses de sa longue absence. Ensuite il nous demanda pour sa famille la permission de se mettre à table avec nous. Oh! combien dans mon cœur je maudis l'hypocrite! Quelle horreur je sentais pour un homme qui était au moment de m'arracher la vie, et dans un temps où tout me la rendait si chère. J'étais jeune et riche, j'avais un rang, de l'éducation, et devant les yeux un avenir séduisant. Je voyais cette carrière près de se fermer pour moi de la manière la plus horrible; et cependant j'étais obligé de dissimuler et de recevoir avec l'air de la reconnaissance de feintes civilités de la part de celui même qui tenait le poignard levé sur mon sein.

La permission que notre hôte demandait lui fut accordée sans peine. On se mit à table. La baronne et moi nous occupâmes un côté. Les deux jeunes gens s'assirent vis-à-vis de nous, le dos tourné vers la porte. Baptiste prit sa place au haut de la table, ayant la baronne à sa droite; le couvert qui était à côté de lui fut réservé pour sa femme. Un instant après elle entra dans la chambre et nous servit un bon repas de paysan, simple mais propre à satisfaire l'appétit. Notre hôte crut devoir s'excuser du mauvais souper qu'il nous faisait faire : il n'avait pas été prévenu de notre arrivée, et il ne pouvait nous offrir que les provisions faites pour sa famille. Mais, ajouta-t-il, si quelqu'accident devait retenir chez moi mes nobles hôtes plus longtemps qu'ils ne le croient, j'espère que je pourrais les mieux traiter.

Le scélérat! je savais trop bien de quel accident il voulait parler, et je frémis à la manière dont il voulait nous traiter l'un et l'autre.

Ma compagne de danger semblait entièrement consolée de n'être pas à Strasbourg; elle riait et causait fort gaiement avec la famille. Je tâchais, mais en vain, de suivre son exemple. Ma gaieté était évidemment forcée, et Baptiste s'en aperçut.

— Allons, allons, monsieur, me dit-il, soyez joyeux comme nous; vous ne me semblez pas entièrement remis de la fatigue. Pour vous ranimer, ne prendriez-vous pas avec plaisir un verre d'excellent vin qui m'a été laissé par mon père ? Dieu veuille avoir son âme; il est dans un monde meilleur. Je sers rarement de ce vin; mais je n'ai pas tous les jours affaire à des hôtes tels que vous, et l'honneur que je reçois mérite bien que j'en offre une bouteille.

A ces mots, il donna une clef à sa femme et lui dit à quel endroit elle trouverait ce vin. Elle ne semblait nullement charmée de cette commission; elle prit la clef d'un air embarrassé, et elle hésita même à quitter la chambre.

— M'entendez-vous? lui dit Baptiste d'un ton courroucé.

Elle jeta sur lui un regard mêlé de colère et de crainte, et sortit de la chambre. Les yeux de Baptiste la suivirent avec défiance jusqu'à ce qu'elle eût fermé la porte.

Marguerite revint avec une bouteille cachetée en jaune. Elle la posa sur la table et remit la clef à son mari. Je soupçonnai que cette liqueur ne nous était pas présentée sans dessein, et j'examinai avec inquiétude les mouvements de Marguerite. Elle était occupée à rincer quelques gobelets d'étain. En les plaçant devant Baptiste, elle vit que mes yeux étaient très - fixément fixés sur les siens; et saisissant l'instant où elle n'était point observée, elle me fit signe avec la tête de ne pas goûter de cette liqueur; puis elle reprit sa place.

Pendant ce temps-là, notre hôte avait ôté le bouchon et rempli deux gobelets, qu'il offrit à la baronne et à moi. La baronne fit d'abord quelque difficulté; mais les instances de Baptiste furent si pressantes qu'elle ne voulut pas le désobliger. Pour moi, craignant de faire naître des soupçons, je n'hésitai pas à prendre la liqueur qui m'était présentée. A l'odeur et à la couleur, je vis que c'était du champagne; mais quelques grains de poussière qui flottaient à sa surface me convainquirent que le vin était altéré. Cependant je n'osais pas montrer ma répugnance à le boire. Je le portai à mes lèvres et fis semblant de l'avaler; mais tout-à-coup, en me levant de ma chaise, je courus à un vase plein d'eau qui était à quelque distance et dans lequel Marguerite avait rincé les gobelets, et feignant qu'un mal de cœur subit me forçait de rejeter le vin, je vidai dans le vase, sans être aperçu, mon gobelet tout entier.

Les brigands parurent alarmés de mon action; Jacques se leva à moitié de sa chaise, mit sa main dans son sein, et j'aperçus le manche d'un poignard. Je revins m'asseoir avec beaucoup de tranquillité, et j'affectai de n'avoir pas pris garde à leur mouvement.

— Vous avez bien mal rencontré mon goût, honnête ami, dis-je à Baptiste; je ne puis jamais boire du champagne sans qu'il ne m'incommode aussitôt; j'ai avalé plusieurs gorgées de celui-ci avant de reconnaître sa qualité, et je crains de payer mon imprudente précipitation.

Baptiste et Jacques se regardèrent, et ce regard était plein de défiance.

—Peut-être, dit Robert, l'odeur vous en est-elle désagréable; et il vint prendre mon gobelet. Je m'aperçus qu'il examinait s'il était à peu près vide.

— Il doit en avoir assez bu, dit-il tout bas à son frère en s'asseyant.

Je lus dans les yeux de Marguerite la crainte où elle était que je n'eusse goûté cette liqueur. D'un regard je la rassurai.

J'attendais avec inquiétude l'effet que ce breuvage produirait sur la baronne. Je tremblais que les grains de cette poudre flottante ne fussent du poison, et j'étais au désespoir qu'il m'eût été impossible de l'avertir du danger. Mais à peine s'était-il écoulé quelques minutes que je vis ses yeux s'appesantir, sa tête se renversa sur ses épaules, et elle tomba dans un profond sommeil. Je feignis de n'y pas faire attention, et je continuai de parler à Baptiste avec autant d'aisance que je pus prendre sur moi d'en montrer. Mais bientôt il ne me répondit plus du même ton qu'auparavant; il me regardait avec surprise et défiance,et je voyais ces bandits chuchoter entre eux. Ma situation devenait à chaque instant plus pénible; je soutenais mon rôle de confiance et de tranquillité encore plus qu'auparavant. A quoi pouvais-je me déterminer? Chercher à sortir pour avertir les domestiques? Si je l'eusse tenté, j'étais sûr d'être assassiné à la porte par les deux brigands. D'ailleurs, je laissais une femme à leur merci. Ayant tout à la fois à craindre de voir arriver leurs complices et de leur laisser croire que je connaissais leur dessein, je ne savais comment dissiper les soupçons qu'ils avaient sur moi. Dans ce terrible embarras, Marguerite vint encore à mon secours. Elle passa derrière ses beaux-fils, s'arrêta un moment devant moi, et inclina sa tête sur son épaule. Ce signe que je compris me tira d'incertitude. C'était me dire qu'il fallait imiter la baronne, et feindre que la liqueur faisait le même effet sur moi. Je suivis ce conseil,et bientôt après je parus enseveli dans un profond sommeil.

— Bien! bien! s'écria Baptiste au moment où je me renversais sur ma chaise, à la fin, le voilà endormi! Je commençais à croire qu'il avait deviné nos projets, et que nous serions forcés de le dépêcher à tout événement.

— Et pourquoi ne pas le dépêcher à tout événement? répondit le farouche Jacques. Pourquoi lui laisser le pouvoir de trahir notre secret? Marguerite, donnez-moi un de mes pistolets; un petit mouvement du doigt nous aura bientôt défait de lui.

— Et supposez, répondit le père, que nos camarades ne puissent pas arriver cette nuit, quelle jolie figure nous ferions quand les domestiques viendraient demain matin nous demander leurs maîtres. Non, non, Jacques, il faut attendre nos associés. S'ils viennent, nous sommes assez forts pour vaincre les domestiques aussi bien que les maîtres, et le butin est à nous. Si Claude ne les trouve pas à la caverne, il faudra prendre patience et souffrir que cette proie nous échappe. Ah! garçons, garçons, si vous étiez arrivés seulement cinq minutes plus tôt, c'en était fait de l'Espagnol, et les deux mille pistoles étaient à nous. Mais vous ne venez jamais quand vous êtes attendus; vous êtes les coquins les plus maladroits.

— Bon! bon! mon père, répondit Jacques, si vous aviez voulu m'en croire tout cela serait fini à présent. Vous, Robert, Claude et moi, quand ces étrangers auraient été deux fois plus forts, je vous réponds que nous en serions venus à bout. Quoi qu'il en soit, Claude est parti; il est trop tard pour y penser à présent. Il nous faut attendre patiemment l'arrivée de la troupe, et si les voyageurs nous échappent cette nuit nous saurons bien les retrouver en route demain.

— Sans doute, sans doute, dit Baptiste. Marguerite, avez-vous donné aux deux femmes de chambre de cette drogue assoupissante?

— Oui.

— Ainsi tout va bien. Courage, garçon, quelque chose qui arrive vous n'aurez pas à vous plaindre. Nul danger à courir, beaucoup à gagner et rien à perdre.

En ce moment j'entendis un grand bruit de chevaux. Oh! combien ce bruit fut terrible à mon oreille ! Une sueur froide coula sur mon front, et je sentis approcher toute la terreur de la mort.

— Dieu puissant, ils sont perdus! s'écria la compatissante Marguerite avec l'accent du désespoir; et cette exclamation n'était pas propre à me rassurer.

Par bonheur, le bûcheron et ses deux fils étaient trop occupés de leurs amis qui arrivaient pour faire attention à moi, autrement la violence de mes agitations leur aurait fait voir que mon sommeil était feint.

— Ouvrez, ouvrez, crièrent plusieurs voix en dehors de la maison.

— Oui, oui, répondit Baptiste avec beaucoup de joie; ce sont nos amis, pas de doute. A présent le butin est assuré; et vite, garçons, vite, conduisez-les à la grange, vous savez quelle y doit être votre occupation.

Robert se hâta d'ouvrir la porte.

— Mais avant tout, dit Jacques prenant ses armes, laissez-moi achever ces dormeurs.

— Non, non, répliqua son père; courez à la grange où l'on vous attend. Je me charge de ceux-ci et des deux femmes qui sont en haut.

Jacques obéit et suivit son frère. Ils causèrent quelques minutes avec les nouveaux venus ; après quoi j'entendis les brigands descendre de cheval et, comme je conjecturai, prendre le chemin de la grange.

— Ils font bien, dit Baptiste, de quitter leurs chevaux pour surprendre les étrangers et tomber sur eux. A présent, mettons-nous à l'ouvrage.

Je l'entendis s'approcher d'une petite armoire qui était au bord de la chambre et l'ouvrir. Aussitôt je me sentis remuer doucement.

— A présent ! c'est à présent ! me dit tout bas Marguerite!

J'ouvris les yeux. Personne autre dans la chambre que Marguerite et la baronne endormie. Le scélérat venait de prendre un poignard dans l'armoire et semblait examiner s'il était assez tranchant. Je n'avais pas eu la précaution de prendre des armes à mon départ, mais je vis que ce moment était le seul qui pût m'être favorable et je résolus de le saisir. Je m'élançai de ma chaise, je me jetai sur Baptiste et lui serrai le col de mes deux mains avec tant de force que je l'empêchai de jeter un seul cri. Surpris, frappé de terreur, ne pouvant plus respirer, ce scélérat n'était en aucune façon en état de me disputer la victoire. Je le jetai par terre, et tandis que je le tenais immobile sous moi, Marguerite lui arracha le poignard, et le lui plongea dans le cœur à plusieurs reprises.

Après cet acte horrible, mais nécessaire : — Ne perdons point de temps, me dit Marguerite , c'est notre unique ressource.

Je n'hésitai point à lui obéir, mais ne voulant point abandonner la baronne à la vengeance des brigands je l'enlevai dans mes bras, quoique toujours endormie, et je me hâtai de suivre Marguerite. Les chevaux des voleurs étaient attachés près de la porte. Ma conductrice sauta sur un de ces chevaux; je suivis son exemple; je plaçai la baronne devant moi et je piquai des deux. Notre unique espérance était d'atteindre Strasbourg, dont nous étions moins éloigné que le perfide Claude ne me l'avait dit. Marguerite connaissait fort bien la route et galopait devant moi. Nous fûmes obligés de passer près de la grange où les brigands étaient occupés à massacrer nos domestiques. La porte étant ouverte, nous entendîmes les cris des mourants et les imprécations des meurtriers. Ce que je sentis en ce moment est impossible à exprimer.

Jacques entendit le bruit de nos chevaux à l'instant où nous passions près de la grange. Il courut à la porte avec une torche dans la main et reconnut aisément les fugitifs.

— Trahis, trahis, cria-t-il à ses compagnons.

Aussitôt ils quittèrent leur sanglant ouvrage et coururent à leurs chevaux; nous ne pûmes en entendre davantage. J'enfonçai mes éperons dans les flancs de mon cheval et Marguerite piqua le sien avec le poignard qui nous avait déjà si bien servis. Nous allions avec la vitesse de l'éclair, et nous eûmes bientôt gagné la plaine. Déjà nous apercevions les clochers de Strasbourg, quand nous entendîmes les voleurs qui nous poursuivaient. Marguerite tourna la tête et les vit qui descendaient une colline à une petite distance. En vain nous pressions nos chevaux; le bruit devenait plus sensible à chaque instant.

— Nous sommes perdus, cria-t-elle, les misérables nous joignent.

—Avançons, avançons, répliquai-je, j'entends les pas de plusieurs chevaux qui viennent de la ville.

Nous redoublâmes de vitesse et nous vîmes bientôt une nombreuse troupe de cavaliers qui venaient vers nous à toutes brides. Ils allaient même nous passer quand Marguerite s'écria :

— Arrêtez, arrêtez! sauvez-nous, pour l'amour de Dieu, sauvez-nous!

Le plus avancé, qui semblait guider les autres, s'arrêta aussitôt.

— C'est elle ! c'est elle ! s'écria-t-il en descendant de cheval. Arrêtez, monseigneur, arrêtez, ils sont sains et saufs! Voici ma mère.

Au même instant Marguerite descendit avec précipitation, serra le jeune homme dans ses bras et le couvrit de baisers. Les autres cavaliers s'arrêtèrent aussi.

— Et la baronne de Lenderberg? s'écria un autre d'entre eux, où est-elle? n'est-elle pas avec vous.

Il s'arrêta en la voyant dans mes bras privée de sentiment. Il la prit aussitôt dans les siens. Le profond sommeil où elle était plongée lui fit d'abord craindre pour sa vie; mais le battement de son cœur le rassura bientôt.

— Grâce à Dieu! dit-il, elle vit, elle est échappée.

J'interrompis ces transports de joie en lui montrant les brigands qui avançaient. Aussitôt la plus grande partie de la troupe, presque toute composée de dragons, se hâta d'aller à eux. Les bandits ne les attendirent pas. Dès qu'ils s'aperçurent qu'à leur tour ils étaient menacés, ils tournèrent bride et s'enfuirent dans le bois, où ils furent poursuivis par nos libérateurs.

Cependant, l'étranger que j'avais deviné être le baron de Lenderberg, après m'avoir remercié du soin que j'avais pris de son épouse, nous proposa de retourner en toute diligence à la ville. La baronne, sur qui les effets du breuvage n'avaient pas cessé d'opérer, fut placée devant nous. Marguerite et son fils remontèrent à cheval. Les domestiques du baron suivirent, et nous arrivâmes bientôt à l'auberge où le baron avait pris son logement.

C'était à l'Aigle d'Autriche, où mon banquier, à qui j'avais écrit le dessein que j'avais de voir Strasbourg, m'avait aussi retenu un appartement. Je fus enchanté de demeurer si près du baron et d'être à portée de cultiver sa connaissance, que je prévoyais m'être très-utile en Allemagne. A notre arrivée dans l'auberge, la baronne fut mise au lit.

On appela un médecin, qui prescrivit une potion propre à combattre le breuvage assoupissant, et qu'il lui fit verser dans la gorge. Le baron, après avoir confié sa femme aux soins de l'hôtesse, me pria de lui raconter les détails de notre aventure; je satisfis aussitôt à sa demande, car il m'eût été impossible de me livrer au sommeil, dans l'inquiétude où j'étais sur le sort de Stephano, que j'avais été forcé d'abandonner à la furie des brigands. Je ne fus pas longtemps sans apprendre que ce fidèle domestique avait péri. Les dragons qui avaient poursuivi la bande revinrent, tandis que je faisais au baron le récit qu'il m'avait demandé. D'après le rapport du commandant, nous n'eûmes plus à douter de la défaite des brigands. Le crime et le vrai courage sont incompatibles. Ils s'étaient jetés aux pieds des soldats et s'étaient rendus sans faire la moindre résistance. Ils avaient renseigné leur retraite, indiqué le mot d'ordre qui livrait le reste de la troupe; en un mot, ils avaient donné toutes les marques possibles de bassesse et de lâchete. De cette manière toute la bande, composée d'environ soixante scélérats, avait été prise, garrottée et conduite à Strasbourg. Quelques soldats, ayant un des bandits pour guide, alllèrent à la maison de Baptiste; leur premier soin fut de visiter la fatale grange, où ils furent assez heureux pour trouver deux des gens de la baronne encore en vie, quoique dangereusement blessés. Le reste avait péri sous les coups des brigands, et de ce nombre était mon infortuné Stephano.

Alarmés de notre fuite, les scélérats s'étaient hâtés de nous poursuivre, et n'étaient pas entrés dans la maison de Baptiste; aussi les soldats y trouvèrent-ils les deux femmes de chambre sans aucune blessure et dormant du même sommeil que leur maîtresse. Il n'y avait nulle autre personne dans la chaumière, si ce n'est un enfant de quatre ans, que les dragons emmenèrent avec eux. Nous étions à chercher quel pouvait être ce petit infortuné, quand Marguerite se précipita dans la chambre où nous étions, prenant cet enfant dans ses bras. Elle se jeta aux pieds du commandant et le bénit mille fois pour avoir sauvé son fils.

Après les premiers transports de la tendresse maternelle, je la priai de nous dire comment elle avait pu être unie à un homme dont les principes me semblaient si différents des siens. Elle baissa les yeux et versa quelques larmes.

— Messieurs, dit-elle après un moment de silence, j'ai une grâce à vous demander. Vous avez le droit de connaître quelle est celle à qui vous pouvez être utile; je ne chercherai donc pas à me soustraire à l'aveu que vous desirez, quoiqu'il doive me couvrir de honte; permettez-moi d'abréger autant qu'il me sera possible ce triste récit.

Je suis née à Strasbourg, de parents respectables; leur nom, je dois le cacher en ce moment. Mon père vit encore et ne mérite pas d'être enveloppé dans mon ignominie. Si vous m'accordez la faveur que je désire, vous saurez mon nom de famille. Un misérable s'était rendu maître de mes affections, et pour le suivre je quittai la maison paternelle. Cependant, quoique dans mon cœur les passions eussent fait taire la vertu, je ne tombai pas dans cet abandon de tout sentiment d'honneur qui n'est que trop communément le partage des femmes qui ont fait le premier pas dans la vie. J'aimais mon séducteur, je l'aimais passionnément; hélas! cet enfant, et son aîné, qui a été à Strasbourg vous avertir, monsieur le baron, du danger de votre épouse, ne sont que des gages évidents de mon amour pour lui; et même, en ce moment, je gémis encore de l'avoir perdu, quoique je lui doive tous les malheurs de mon existence.

Il était d'une noble origine; mais il avait dissipé tout son patrimoine. Ses parents le regardaient comme l'opprobre de leur nom; ils ne voulurent plus le voir. Ses excès attirèrent sur lui l'indignation de la police; il fut obligé de fuir de Strasbourg et ne trouva d'autre ressource contre la misère que de s'unir aux brigands qui infestaient la forêt voisine, et qui étaient presque tous des gens de famille comme lui, ruinés par leur inconduite. J'étais résolue à ne pas l'abandonner. Je le suivis dans la retraite des brigands et je partageai avec lui les misères inséparables de la vie qu'il menait. Mais quoiqu'il ne me fût pas possible d'ignorer que notre existence était uniquement soutenue par le pillage, je ne connaissais pas toutes les horreurs attachées à la profession de mon amant; il me les cachait avec le plus grand soin. Il savait que mon âme n'était pas assez dépravée pour que je pusse voir de sang-froid le carnage et l'assassinat. Il supposait avec raison que j'aurais fui loin des bras d'un meurtrier. Huit ans passés ensemble n'avaient pas diminué son amour pour moi; et il dérobait scrupuleusement de ma connaissance tout ce qui aurait pu me conduire à soupçonner la nature des crimes auxquels il ne participait que trop souvent. Je ne découvris qu'après la mort de mon séducteur que ses mains avaient été rougies du sang de l'innocent.

Une nuit il fut reporté à la caverne couvert de blessures; il les avait reçues en attaquant un voyageur anglais, que les autres avaient bientôt après sacrifié à leur vengeance. Il n'eut que le temps de me demander pardon pour tous les malheurs où il m'avait entraînée; il pressa mes mains sur ses lèvres et il expira. Mon chagrin fut inexprimable. Lorque le temps m'eut un peu calmée, je résolus de retourner à Strasbourg, de me jeter avec mes deux enfants aux pieds de mon père et d'implorer son pardon, quoiqu'il me restât bien peu d'espoir de l'obtenir. Quelle fut ma consternation quand les brigands me dirent qu'une fois entrée dans la caverne il me m'était plus permis de la quitter, que jamais ils ne me laisseraient rentrer dans le monde avec le secret de leur retraite, et qu'il fallait à l'instant même accepter un d'entre eux pour mari. Mes prières et mes remontrances furent vaines. Ils tirèrent ma main au sort et je devins le partage de l'infâme Baptiste. Un d'entre eux, qui jadis avait été moine, nous maria par je ne sais quelle cérémonie, plutôt burlesque que religieuse; moi et mes enfants nous fûmes livrés à mon nouvel époux, qui nous emmena aussitôt à sa maison.

Il m'assura qu'il m'aimait depuis longtemps, mais que par égard et par amitié pour mon premier amant il avait su contenir ses désirs; il tâcha de me concilier avec ma destinée, et pendant quelque temps il me traita avec douceur. A la fin, voyant que mon aversion pour lui ne faisait qu'augmenter, il obtint par la violence les faveurs que je persistais à lui refuser. Il ne me restait plus d'autre moyen que de supporter mes peines avec patience; ma conscience me criait sans cesse que je les avais trop méritées. La fuite était impossible; mes enfants étaient au pouvoir de Baptiste, et il avait juré que si je tentais de m'échapper de ses mains il se vengerait sur eux. La cruauté de son caractère m'était trop bien connue pour me laisser douter qu'il ne remplît ses serments. Depuis que j'étais avec lui, une triste expérience m'avait convaincue de l'horreur de ma situation. Bien différent de mon premier amant, Baptiste se faisait un barbare plaisir de me rendre témoin, malgré moi, des plus affreuses exécutions, et il s'efforçait de familiariser mes yeux et mes oreilles avec le sang et les cris des victimes.

Mes passions étaient ardentes, mais mon âme n'était pas cruelle; les principes d'une bonne éducation n'en étaient pas effacés. Jugez quel a dû être chaque jour mon supplice à la vue des crimes les plus horribles et les plus révoltants. Jugez combien je devais gémir d'être unie à un homme qui recevait le voyageur confiant avec l'air de la franchise et de l'amitie au moment même qu'il méditait sa perte! Le chagrin altéra ma constitution; le peu de charmes que m'avait donnés la nature se flétrit entièrement, et l'abattement de ma figure attestait les souffrances de mon cœur. Cent fois je fus tentée de mettre fin à mon existence, mais le souvenir de mes enfants retenait mon bras. Je tremblais de laisser mes enfants au pouvoir du tyran, et je tremblais encore plus pour leur éducation que pour leur vie. Le cadet était trop jeune pour profiter de mes leçons; mais dans le cœur de l'aîné je travaillais sans relâche à enraciner les principes de la vertu capables de lui faire éviter les crimes de ses parents. Il m'écoutait avec tranquillité et même avec avidité. Dans un âge si tendre, il laissait déjà voir qu'il n'était pas fait pour vivre avec des brigands; et ma seule consolation au milieu de tant de peines était de voir se développer les naissantes vertus de mon cher Théodore.

Telle était ma situation, lorsque don Alphonso fut conduit à la chaumière par son perfide postillon. Son air, sa jeunesse, ses manières m'intéressèrent vivement à lui. L'absence des deux fils de Baptiste me fournit une occasion que depuis longtemps je désirais trouver, et je résolus de tout risquer pour sauver don Alphonso. La vigilance de Baptiste ne me permettait pas de l'avertir des dangers qui l'entouraient. Je savais que le moindre mot échappé eût éte suivi de ma mort, et quelque pénible et douloureuse que fût ma vie, je n'avais pas assez de courage pour sauver celle d'un autre à mes dépens. Ma seule espérance était de nous procurer du secours de la ville; c'est ce que je résolus de tenter, bien décidée en même temps à prévenir don Alphonso du piége qu'on lui tendait, si j'en pouvais trouver l'occasion. Sur l'ordre de Baptiste de préparer un lit, j'y mis des draps encore teints du sang d'un voyageur égorgé quelques nuits auparavant. J'espérai qu'à cette vue don Alphonso ouvrirait les yeux sur les funestes projets de Baptiste. Je ne m'en tins pas là. Théodore était retenu au lit par une indisposition; je me glissai dans sa chambre sans être vue de mon tyran, et l'instruisis de mon dessein, dans lequel il entra avec beaucoup d'ardeur. Il se leva sur-le-champ, quoique malade, et s'habilla très-vite. Je lui attachai un de ses draps sous les aisselles et le descendis par la fenêtre. Il courut à l'étable, prit le cheval de Claude et partit pour Strasbourg. Il devait dire aux brigands, s'il en rencontrait, que Baptiste l'avait chargé d'une commission; mais par bonheur il arriva à la ville sans trouver aucun obstacle. Sans perdre de temps, il se rendit chez le magistrat et implora son assistance; bientôt le récit fait par Théodore passa de bouche en bouche et parvint à monsieur le baron. Inquiet pour son épouse qu'il savait être en route, il trembla qu'elle fût dans les mains des voleurs. Il accompagna Théodore, qui servait de guide aux soldats, et il arriva à temps pour nous empêcher de retomber au pouvoir de nos ennemis.

J'interrompis Maguerite et lui demandai pourquoi l'on m'avait présenté un breuvage assoupissant. Elle me répondit que Baptiste supposait que j'avais des armes, et qu'il voulait me mettre hors d'état de faire résistance. C'était une précaution qu'il prenait toujours, dans la crainte que le désespoir ou l'impossibilité de fuir ne portassent les voyageurs à vendre chèrement leur vie.

Le baron pria Marguerite de l'instruire du parti auquel elle comptait s'arrêter. Je me joignis au baron et j'assurai Marguerite de tout mon empressement à lui prouver ma reconnaissance pour la vie qu'elle m'avait conservée.

— Dégoûtée du monde, dans lequel je n'ai trouvé que des malheurs, nous répondit-elle, mon projet est de me retirer dans un couvent; mais avant tout je dois songer à mes enfants. Ma mère n'est plus et je crains bien que ma fuite n'ait avancé le terme de ses jours. Mon père vit; ce n'est pas un homme insensible. Peut-être, messieurs, malgré ma faute et mon ingratitude, votre entremise en ma faveur pourrait-elle l'engager à me pardonner et à prendre soin de ses malheureux petits-fils. Si vous m'obtenez cette faveur de mon père, vous me rendrez service bien au-delà de celui que je vous ai rendu.

Nous protestâmes à Marguerite que nous ferions tous nos efforts pour fléchir son père; et que, dût-il rester inflexible, elle pouvait être tranquille sur le sort de ses enfants. Je m'engageai à prendre soin de Théodore et le baron se chargea du plus jeune. Cette mère reconnaissante nous remercia, les larmes aux yeux, de ce qu'elle appelait notre générosité, quoiqu'au fond ce fût une dette bien légitimement contractée envers elle. Elle nous quitta pour coucher son enfant, excédé de fatigue et de sommeil.

La baronne, en reprenant l'usage de ses sens et en apprenant de quel péril je l'avais sauvée, ne trouva point de termes assez forts pour me témoigner sa reconnaissance. Son mari se joignit à elle avec tant d'ardeur pour me prier de les accompagner en Bavière, à leur château, qu'il me fut impossible de ne pas céder à leurs instances. Pendant les huit jours que nous passâmes encore à Strasbourg, les intérêts de Marguerite ne furent pas oubliés. Nos démarches auprès de son père eurent tout le succès que nous pouvions désirer. Ce bon vieillard avait perdu sa femme; il n'avait pas d'autre enfant que cette fille infortunée, dont il n'avait point reçu de nouvelles depuis près de quatorze ans. Il était entouré de parents éloignés, qui attendaient sa mort avec impatience pour jouir de sa succession. Aussi, dès que Marguerite, qu'il s'attendait si peu à revoir jamais, parut devant lui, il la reçut, elle et ses enfants, les bras ouverts et voulut absolument qu'à l'instant même elle s'établît avec eux dans sa maison. Les cousins frustrés dans leur attente durent céder la place. Le vieillard ne voulut jamais entendre à ce que sa fille se retirât dans un cloître; il dit qu'elle était trop nécessaire à son bonheur, et il obtint d'elle aisément qn'elle abandonnerait ce dessein. Mais rien ne put engager Théodore à renoncer au plan que j'avais d'abord formé pour lui. Il s'était sincèrement attaché à moi, pendant mon séjour à Strasbourg, et quand je fus au moment de partir, il me conjura les larmes aux yeux de le prendre à mon service. Il fit valoir de son mieux tous les petits talents qu'il possédait, et n'oublia rien pour me persuader qu'il serait très-utile en route. J'étais peu disposé à me charger d'un enfant de treize ans, qui ne pouvait guère que m'embarrasser dans mes voyages; mais je ne pus résister aux instances et à l'attachement de ce jeune homme, réellement pourvu de mille qualités estimables. Ce n'est pas sans peine qu'il amena ses parents à lui permettre de me suivre; enfin la permission obtenue, il fut décoré du titre de mon page, et après une semaine de séjour en Alsace Théodore et moi nous accompagnâmes en Bavière le baron et son épouse. Nous avions tous les trois forcé Marguerite d'accepter quelques présents assez considérables pour elle et l'enfant que nous lui laissions. En la quittant, je promis à cette tendre mère de lui rendre Théodore au bout d'un an.

Telles sont, Lorenzo, les circonstances qui m'ont introduit dans le château de votre tante, la baronne de Lenderberg.

Nous voyageâmes désormais sans rencontrer d'obstacles et assez agréablement. Le baron connaissait peu le monde; il avait passé une grande partie de sa vie dans l'enceinte de ses domaines. Sa plus grande passion était la chasse. Il s'en faisait une passion sérieuse. Assez versé moi-même dans cet exercice, j'eus le bonheur, peu de temps après mon arrivée à Lenderberg, de lui donner quelques preuves de ma dextérité; alors je fus à ses yeux un grand homme, et il me voua une amitié éternelle.

Cette particularité ne fut pas pour moi une chose indifférente. J'avais vu, pour la première fois, au château de Lenderberg, la jeune Agnès, votre aimable sœur. Je n'aimais point encore et je déplorais en secret la froide tranquillité de mon âme;

j'aimai bientôt en la voyant; je trouvai dans Agnès tout ce que mon cœur avait longtemps désiré. Elle avait à peine seize ans; mais elle était déjà formée, grande et jolie; elle possédait divers talents, et particulièrement la musique et le dessin; elle était d'un caractère ouvert, d'une humeur enjouée, et l'aimable simplicité de sa parure et de ses manières contrastait à son avantage avec les grâces artificielles et la coquetterie étudiée des femmes de Paris que je venais de quitter. Je fis sur ce qui la concernait beaucoup de questions à la baronne.

— Elle est ma nièce, répondit cette dame; vous ignorez, don Alphonso, que je suis votre compatriote, sœur du duc de Medina Cœli; Agnès est fille de mon second frère, don Gaston; elle est destinée dès le berceau à la vie religieuse et doit aller incessamment prendre le voile à Madrid.

— Ah! Lorenzo, interrompit le marquis par une exclamation de surprise. Destinée dès le berceau, dit-il, à la vie religieuse! Par le ciel, c'est la première fois que j'entends parler de ce projet.

— Je le crois, mon cher Lorenzo, répondit don Raymond; mais écoutez-moi patiemment. Vous ne serez pas moins surpris quand je vous aurai rapporté quelques particularités de votre famille qui vous sont encore inconnues et que je tiens de la bouche d'Agnès elle-même.

Il reprit ainsi son récit :

Vous ne pouvez ignorer que vos parents ont été malheureusement esclaves de la plus grossière superstition. Toutes les fois qu'une terreur religieuse s'est fait sentir au fond de leur cœur, elle y a étouffé tout autre sentiment. Votre mère, portant Agnès dans son sein, fut attaquée d'une maladie dangereuse, et abandonnée par les médecins. Dans cette situation, dona Guésilla fit vœu, si elle en revenait et si l'enfant qu'elle portait était une fille, de la consacrer à sainte Claire, ou si c'était un garçon, d'en offrir l'hommage à saint Benoît. Ses prières furent exaucées; elle guérit. Agnès vint au monde et fut aussitôt destinée au service de sainte Claire.

Don Gaston se joignit avec empressement au vœu de son épouse; mais sachant quels étaient les sentiments du duc, son frère, sur la vie monastique, ils convirent ensemble de lui cacher soigneusement la destination de votre sœur.

Pour tenir ce secret plus en sûreté, il fut résolu qu'Agnès accompagnerait sa tante, dona Rodolphe, en Allemagne, où cette dame était sur le point de se rendre avec l'époux auquel elle venait d'être unie, le baron de Lenderberg. A son arrivée, la jeune Agnès fut mise dans un couvent qui se trouvait à quelques lieues du château de votre oncle. Les religieuses auxquelles son éducation fut confiée remplirent exactement leur tâche; elles lui firent acquérir à un haut degré de perfection plusieurs talents, et ne négligèrent aucun moyen de lui inspirer le goût de la retraite et des tranquilles plaisirs d'un couvent; mais un secret instinct faisait sentir au cœur de la jeune fille qu'elle n'était pas née pour la solitude. Avec toute la liberté de la jeunesse et de l'enjouement, elle traitait de momeries ridicules la plupart des cérémonies si révérencieusement pratiquées par les nonnes, et tout son plaisir était d'inventer quelque bon tour qui fit pester la mère abbesse.

Quoiqu'elle ne déclarât pas hautement sa répugnance pour la vie monastique, elle la laissait assez voir; don Gaston en fut informé. Craignant que votre affection pour votre sœur, Lorenzo, ne s'opposât à son éternel malheur, il eut soin de vous cacher, ainsi qu'au duc, toute l'affaire, jusqu'à ce que le sacrifice fût consommé. On lui a fait prendre le voile durant votre absence; on n'a pas dit un mot du vœu de dona Guesilla; on ne laissa jamais à votre sœur, durant son séjour en Allemagne, la faculté de vous adresser une lettre. Toutes celles que vous lui écriviez étaient lues avant de lui être remises; on en effaçait sans ménagement tout ce qui pouvait lui inspirer des idées mondaines. Toutes ses réponses étaient dictées ou par sa tante, ou par la dame Cunégonde, sa gouvernante. J'ai appris une de ces particularités d'Agnès, l'autre de la baronne.

Je me déterminai sur-le-champ à sauver, s'il était possible, cette aimable fille du sort affreux dont elle était menacée. Je cherchai à me concilier son affection. Je fis valoir auprès d'elle l'amitié intime qui m'unit à vous. Elle m'écoutait si attentivement; elle prenait tant de plaisir à faire votre éloge! Ses yeux me remerciaient avec une affection si tendre de mon amitié pour son frère. Enfin mon attention constante à la consoler, à lui plaire, parvint à gagner son cœur, et je la contraignis, non sans difficulté, à avouer naïvement qu'elle m'aimait. Cependant, lorsque je lui proposai de quitter le château de Lenderberg, elle refusa formellement de souscrire à ma proposition.

— Soyez généreux, Alphonso, me dit-elle, je

vous ai donné mon cœur; n'abusez point de ma tendresse; n'employez pas votre ascendant sur mes sentiments pour m'entraîner à une démarche dont j'aurais à rougir. Je suis jeune et sans appui; mon frère, qui est mon seul ami, est séparé de moi, et mes autres parents me traitent en ennemis. Que ma situation vous inspire de la pitié; ne cherchez pas à me séduire; au lieu de me pousser à une action qui me couvrirait de honte, tâchez plutôt de vous concilier l'effection de ceux dont je dépens. Le baron vous estime; ma tante, impérieuse et hautaine envers tout autre, n'oublie point qu'elle vous doit la vie,et pour vous seul elle est affable et bonne. Essayez donc votre pouvoir sur leur esprit; s'ils consentent à notre union, ma main est à vous. Ami de mon frère, vous obtiendrez, je n'en doute point, son approbation; et quand mes parents verront l'impossibilité d'exécuter leur projet, j'ose espérer qu'ils excuseront ma désobéissance, et qu'ils sauront, par quelqu'autre sacrifice, dégager ma mère du vœu fatal dont on attend l'accomplissement.

Autorisé par l'aveu d'Agnès et par cette déclaration naïve de ses pensées et de ses vues, je redoublais d'attention envers ses parents et crus devoir diriger mes principales batteries du côté de la baronne. J'avais pu apercevoir que chacune de ses paroles avait dans le château force de loi, et que son mari, qui la regardait comme un être supérienr, déférait sans réserve à toutes ses volontés.

La baronne était âgée d'environ quarante ans; elle avait été belle dans sa jeunesse, mais ses charmes avaient pu être rangés dans la nombreuse catégorie de ceux qui ne soutiennent pas le choc des années. Cependant, il lui restait encore quelques traits de beauté. Son jugement était sain et fort, quand il n'était pas obscurci par le préjugé; mais ce cas était malheureusement fort rare. Ses passions étaient vives; elle n'épargnait ni soins ni peines pour les satisfaire, et quiconque s'opposait à ses volontés devait redouter sa vengeance. Amie ardente ou implacable ennemie, telle était la baronne de Lenderberg.

Je mis tout en usage pour lui plaire, et je ne réussis que trop complètement; elle parut flattée de mes soins et me traita avec tant de distinction que j'en fus parfois alarmé. J'y consumais des heures entières, des heures que j'aurais pu passer avec Agnès. Cependant, toujours persuadé que ma complaisance envers sa tante avançait l'heureux instant de notre union, je me soumettais de bonne grâce à la tâche qui m'était imposée. La bibliothèque de dona Rodolphe était principalement composée de vieux romans espagnols; et régulièrement chaque jour un de ces volumes était remis en mes mains. C'étaient les longues aventures de Perce-Forêt, de Palmerin d'Angleterre et du chevalier du Soleil. Je les lisais jusqu'à ce que l'ennui me fit tomber le livre des mains; cependant le plaisir toujours croissant que la baronne semblait prendre à ma société m'encourageait, et je persévérais. Elle me donna même un jour une preuve d'affection si marquée, qu'Agnès pensa qu'il était temps de déclarer à sa tante notre affection mutuelle.

Un soir que j'étais seul avec dona Rodolphe dans son appartement (comme nos lectures ne roulaient guère que sur l'amour, Agnès n'y était jamais admise); je me félicitais de voir arriver enfin le terme des amours de Tristan et de la reine Iseult.

— Ah! les infortunés, s'écria la baronne; qu'en dites-vous, Alphonso? Croyez-vous qu'il puisse exister un homme capable d'un attachement si sincère et si désintéressé?

— Je n'en doute point, madame; car mon propre cœur m'en fournit un exemple. Ah! dona Rodolphe, puis-je espérer que vous approuverez mon amour? Puis-je nommer celle que j'aime sans craindre d'encourir votre ressentiment?

— Si je vous épargnais un aveu, dit-elle en m'interrompant, si je vous disais que l'objet de vos désirs m'est connu, si je vous disais que votre affection est payée de retour, et que celle que vous aimez déplore aussi sincèrement que vous-même le malheureux engagement qui la sépare de vous.

— Ah! dona Rodolphe, m'écriai-je en me jetant à ses pieds et pressant sa main contre mes lèvres, vous avez découvert mon secret; prononcez l'arrêt de mon sort. Puis-je compter sur votre faveur ou dois-je me livrer au désespoir?

Elle voulut détourner sa main; je la retins; de l'autre elle se couvrit les yeux en détournant la tête.

— Comment pourrais-je vous refuser? dit-elle. Ah! Alphonso, j'aperçois depuis longtemps vos attentions; j'ignorais jusqu'à ce moment la force de l'impression qu'elles faisaient sur mon cœur, mais je ne puis désormais dissimuler ma faiblesse ni à moi-même ni à vous. Je cède à la violence de ma passion; Alphonso, je vous adore. Pendant trois mois entiers, j'ai tâché vainement d'étouffer ma tendresse; elle est trop forte, je ne résiste plus à son impétuosité. Orgueil, crainte, honneur, respect pour moi-même, mes engagements pour le baron, elle a tout surmonté; je sacrifie tout à mon amour pour vous, bien assurée que ce n'est point encore payer assez cher la possession de votre cœur.

Elle attendait pendant quelques instants ma réponse; imaginez, Lorenzo, quelle dut être ma confusion. Je sentis tout-à-coup la force de l'obstacle que moi-même j'avais imprudemment élevé entre Agnès et moi. La baronne avait pris pour son compte les attentions dont j'attendais d'Agnès seule la récompense. L'énergie de ses expressions, les regards qui les accompagnaient et la connaissance que j'avais de ses dispositions vindicatives, tout me fit trembler pour moi-même et pour celle que j'aimais. Ne sachant comment répondre à sa déclaration, tout ce que me fournit en ce moment mon imagination fut la résolution de la détromper à l'instant même, sans cependant lui nommer Agnès. La vive tendresse qu'un moment auparavant on aurait pu lire dans tous mes traits avait fait place à la consternation. J'abandonnai sa main et me levai; ce changement subit n'échappa point à son observation.

— Que veut dire ce silence? reprit-elle d'une voix tremblante; où sont ces transports auxquels j'ai cru devoir m'attendre?

— Pardon, madame, répondis-je, l'honneur m'oblige à vous dire que vous êtes dans l'erreur. Vous avez pris pour les sollicitudes de l'amour ce qui n'était que l'empressement attentif de l'amitié; ce dernier sentiment est le seul que j'aie désiré vous inspirer. Mon respect pour vous, ma reconnaissance envers le baron, n'auraient pas été peut-être des obstacles suffisants contre le pouvoir de vos charmes; ils sont faits, madame, pour captiver le cœur le plus insensible, s'il n'est point rempli d'un autre objet; mais le mien, et c'est sans doute un bonheur pour moi, depuis longtemps n'est plus à ma disposition. Si j'en eusse été le maître, j'aurais eu inévitablement à me reprocher toute ma vie d'avoir violé les lois de l'hospitalité. Rappelez-vous, noble signora, ce que vous-même devez à l'honneur, ce que je dois au baron, et daignez m'accorder, au lieu de ces sentiments que je ne puis jamais payer de retour, votre estime et votre amitié.

Cette déclaration formelle et inattendue fit pâlir la baronne.

— Traître! s'écria-t-elle, monstre de perfidie, c'est ainsi qu'est reçu l'aveu de mon amour! as-tu espéré?... mais non, cela n'est point; cela ne peut être... Alphonso, voyez-moi à vos pieds, soyez témoin de mon désespoir, regardez d'un œil de pitié une femme qui vous aime tendrement. Celle qui possède votre cœur, comment a-t-elle pu le mériter? Quel sacrifice vous a-t-elle fait? Quelles sont les qualités extraordinaires qui la placent au-dessus de Rodolphe?

Je voulus la relever.

— Pour Dieu, signora, réprimez ces transports; ils sont désagréables et pour vous et pour moi. Si vos gens entendaient ces exclamations! si votre secret était divulgué! Je vois que ma présence seule vous irrite, permettez-moi de me retirer.

Je me préparai à sortir; la baronne me saisit tout-à-coup par le bras.

— Et quelle est, dit-elle d'un ton menaçant, cette heureuse rivale? Je veux la connaître, je veux.... elle est sous ma dépendance, oui, car vous sollicitez pour elle ma faveur, ma protection. Je saurai la trouver; je lui ferai souffrir tout ce que l'amour outragé est capable d'inventer. Qui est-elle? répondez-moi sur-le-champ. N'espérez pas la soustraire à ma vengeance; de fidèles agents vont épier vos démarches, vos actions, vos regards; oui, vos yeux mêmes me découvriront ma rivâle; et quand je la connaîtrai, tremblez, Alphonso, et pour elle et pour vous.

Elle prononça ces derniers mots d'un ton si furieux, qu'à peine elle pouvait respirer; elle palpita, gémit et tomba évanouie; je la soutins dans mes bras et la plaçai sur un sopha. Courant alors vers la porte, j'appelai ses femmes à son secours, et l'ayant confiée à leurs soins, je me hâtai de sortir.

Agité et confus au-delà de toute expression, j'entrai dans le jardin. A quoi devais-je me décider? Quel parti prendre? Cette malheureuse passion de la tante, l'inexorable superstition des parents d'Agnès, offraient des obstacles presqu'insurmontables à notre union. Devais-je lui faire part de cette aventure ou ne devais-je pas plutôt partir sans la voir, sauf à employer d'autres moyens pour la préserver du sort qui la menaçait?

Je me promenais à grands pas dans cette cruelle indécision, lorsque venant à passer devant une salle basse dont les fenêtres donnaient sur le jardin, j'aperçus Agnès assise à une table. Trouvant la porte entr'ouverte, j'entrai; elle était occupée a dessiner, et plusieurs esquisses imparfaites étaient éparses autour d'elle.

— Oh! ce n'est que vous, dit-elle en levant les yeux, je puis continuer mon occupation sans cérémonie; prenez une chaise et asseyez-vous à côté de moi.

J'obéis; je me plaçai auprès de la table, et ne sachant trop ce que je faisais, je me mis examiner quelques-uns des dessins qui se trouvaient sous mes yeux. Un de ces sujets me frappa par sa singularité. L'esquisse représentait la grande salle du château de Lenderberg; dans le fond on voyait une porte à demi ouverte, conduisant à un escalier étroit; sur l'avant-scène était un groupe de figures dans des attitudes grotesques; toutes exprimaient la terreur. Ici l'on voyait un homme priant dévotement, à genoux et les yeux élevés vers le ciel; là, un autre marchait à quatre pieds; quelques-uns cachaient leurs visages dans leur vêtement ou dans le sein de leurs compagnons; quelques autres s'étaient blottis sous la table, où l'on voyait les restes d'un bon souper; d'autres encore avec des yeux effarés et la bouche béante regardaient fixement un objet qu'on devinait être seul la cause de ce désordre. Cet objet était une femme d'une haute stature et d'une taille assez svelte, sous l'habit de quelqu'un de nos ordres religieux. Son visage était voilé; à son bras était pendu un chapelet; son vêtement était en plusieurs endroits parsemé de gouttes de sang qui coulaient d'une large blessure qu'on voyait à son côté. D'une main elle tenait une lampe, et de l'autre un énorme couteau; elle semblait s'avancer vers les grilles de fer de la salle.

— Que signifie ceci, ma chère Agnès? lui dis-je; est-ce quelque sujet de votre invention?

Elle jeta les yeux sur le dessin. — De mon invention? non vraiment, dit-elle. Ce sujet est sorti de quelque tête beaucoup meilleure que la mienne. Comment! il est possible que vous ayez résidé trois mois au château de Lenderberg sans entendre parler de la nonne sanglante?

— Voilà la première fois que j'entends prononcer ces mots; et quelle est, je vous prie, cette aimable personne?

— C'est ce que je ne puis vous dire bien précisément. Tout ce que j'en connais n'est que le résultat d'une vieille tradition qui s'est perpétuée dans cette famille de père en fils, et à laquelle on croit fermement dans toute l'étendue des domaines du baron. Celui-ci y croit lui-même, et quant à ma tante, dont l'esprit est naturellement porté au merveilleux, elle révoquerait plutôt en doute les vérités de la Bible que l'admirable histoire de la nonne sanglante. Voulez-vous que je vous la raconte?

— Oui, répondis-je, vous m'obligerez beaucoup.

Alors, plaçant devant elle son dessin :

Histoire de la Nonne sanglante.

Vous saurez, dit-elle d'un ton comiquement grave, qu'il n'est pas une des chroniques des siècles passés qui fasse mention de ce remarquable personnage. Chose étonnante! je voudrais bien vous raconter sa vie, mais malheureusement elle n'a été connue qu'après sa mort. Ce n'est qu'alors qu'elle a jugé à propos de faire du bruit dans le monde, et c'est le château de Lenderberg qu'elle a choisi pour le théâtre de ses exploits; ce qui fait du moins honneur à son bon goût. Elle s'y établit donc dans un des plus beaux appartements, et le commencement de ses opérations ou de ses amusements fut de faire danser dans le milieu de la nuit les chaises et les tables. Peut-être était-elle somnambule; mais c'est ce que je ne saurais positivement assurer. Cet amusement commença, dit la tradition, il y a environ cent ans; il était toujours accompagné de cris, de hurlements, de gémissements, de jurements et d'autres semblables gentillesses. Mais quoiqu'un des appartements fût plus particulièrement honoré de ses visites, les autres n'en étaient pas totalement privés. Elle venait de temps en temps se promener dans les antiques galeries et dans les salles spacieuses du château; d'autres fois elle s'arrêtait devant toutes les portes, et là, pleurait, se lamentait et remplissait de terreur ceux qui l'entendaient. Dans ses excursions nocturnes elle a été vue par plusieurs personnes qui décrivent toutes son costume tel que vous le voyez ici représenté par la main de sa très-humble et très-fidèle historiographe.

La singularité de ce récit excitait singulièrement mon attention.

— Et dites-moi, parle-t-elle à ceux qui la rencontrent?

— Non, jamais. Ce que l'on connaît de son caractère et de ses talents nocturnes n'invite point du tout à lier conversation avec elle. Quelquefois tout le château retentit de ses serments, de ses exécrations; un moment après elle récite des paternotres. Après avoir proféré en hurlant les plus horribles blasphèmes, tout-à-coup elle chante le *de profundis* aussi méthodiquement que si elle était encore au chœur. C'est,en un mot,une dame fort capricieuse; mais soit qu'elle prie, soit qu'elle maudisse, qu'elle se montre impie ou dévote, elle épouvante également ses auditeurs. Le château devint presqu'inhabitable, et celui qui en était possesseur fut tellement effrayé de ces visites nocturnes, qu'un beau matin on le trouva mort dans son lit. Ce succès parut faire beaucoup de plaisir à la nonne; car elle fit alors plus de tapage que jamais. Mais le nouveau baron, successeur du défunt, se montra un peu trop fin pour elle; il ne parut au château qu'accompagné d'un célèbre exorciseur de ses amis, qui osa s'enfermer lui-même une nuit entière dans la chambre habitée par l'effrayante religieuse. Il paraît qu'il y eut entre elle et lui de vifs débats; il paraît même que l'exorciseur eut beaucoup d'ascendant sur elle; que si elle montra de l'obstination, son antagoniste en montra encore plus; car il obtint par accommodement que, si on laissait à sa disposition le logement qu'elle occupait dans le château, elle laisserait du moins dormir en repos les autres habitants. Pendant quelque temps, après cette convention, on n'en eut plus de nouvelles; mais cinq ans après l'exorciseur vint à mourir, et la nonne se hasarda à reparaître; cependant elle était devenue beaucoup plus traitable; elle se promenait en silence et ne paraissait jamais qu'une fois en cinq ans, usage qu'elle a conservé jusqu'à ce jour, si l'on en croit le baron. Il est très-intimement persuadé que tous les cinq ans, au cinq du mois de mai, aussitôt que l'horloge du château a sonné minuit, la porte de la chambre habitée par la nonne s'ouvre (notez que cette porte est condamnée depuis plus de cent ans); le spectre en sort avec sa lampe et son poignard, descend l'escalier de la tour de l'est et traverse la grande salle. Cette nuit là le portier, par respect pour l'apparition. laisse toujours les portes du château ouvertes; ce n'est pas que l'on croie cette précaution nécessaire, car on sait bien que la nonne pourrait fort aisément passer par le trou de la serrure si elle le jugeait à propos (quoiqu'elle paraisse, au moins en quelques circonstances, être véritablement un corps, puisqu'elle fait, dit-on, du bruit en marchant); mais on veut ici lui faire politesse et ne pas la laisser sortir d'une manière peu conforme à la dignité de sa seigneurie.

— Et où va-t-elle après qu'elle est sortie du château?

— Au ciel, à ce que je pense; cependant il ne paraît pas que ce séjour soit fort de son goût, car elle en revient régulièrement après une heure d'absence. La dame rentre alors dans sa chambre, où elle reste de nouveau tranquille pendant l'espace de cinq autres années.

— Et vous croyez à tout cela, Agnès?

— Pouvez-vous me faire une pareille question? Non, Alphonso, je n'y crois pas. J'ai trop lieu de déplorer pour mon propre compte les effets de la superstition pour pouvoir en être entichée moi-même. Cependant je ne dois pas laisser voir à la baronne mon incrédulité; elle n'a pas le plus léger doute sur la réalité de cette histoire. Quant à la dame Cunégonde, ma gouvernante, elle affirme avoir vu le spectre de ses deux yeux, il y a quinze ans. Elle m'a raconté un de ces soirs comment elle et plusieurs autres domestiques avaient été interrompus dans un souper et épouvantés par l'apparition de la nonne sanglante. C'est le nom qu'on lui donne dans tout le château, et c'est d'après ce récit que j'ai tracé cette esquisse, où vous pouvez croire que je n'ai pas manqué de placer ma vénérable gouvernante. Je n'oublierai jamais dans quel excès de colère elle est entrée et combien elle m'a paru laide, lorsqu'en voyant ce dessin elle m'a querellé pour l'avoir faite ressemblante.

Ici elle montra une figure grotesque de vieille femme dans une attitude de terreur.

En dépit de la mélancolie qui pesait sur mon âme, je ne pus m'empêcher de rire en apercevant ce fruit de l'inspiration vive et gaie d'Agnès. Elle avait parfaitement saisi la ressemblance de Cunégonde, mais elle avait ingénieusement exagéré les défauts de son visage et rendu chaque trait si ridicule que je conçus sans peine quelle avait dû être la colère de la duègne.

— La figure est admirable, ma chère Agnès; je ne savais pas que vous possédassiez à ce point le talent de saisir le ridicule.

— Un moment, dit-elle en se levant, je veux vous montrer une figure encore plus ridicule, et dont vous pourrez disposer à votre gré. Venez avec moi.

Elle entra alors dans un cabinet un peu écarté,

ouvrit un tiroir, ensuite une boîte, et en tira un médaillon contenant un dessin couvert d'un cristal.

— Connaissez-vous l'original de ce portrait? dit-elle en souriant.

— C'est vous-même! m'écriai-je, et vous me le donnez, ma chère Agnès!...

Transporté de joie, je le pressai contre mes lèvres,et me jetai à ses pieds. Je lui témoignai avec les expressions les plus tendres ma reconnaissance. Elle m'écoutait avec bonté, et m'assurait qu'elle partageait mes sentiments, lorsque je fus tout-à-coup réveillé par un cri perçant qu'elle poussa en retirant ses mains que je pressais dans les miennes et en se sauvant par une porte qui donnait dans le jardin. Etonné de ce mouvement, je me relève,et j'aperçus près de moi la baronne, presque suffoquée par l'excès de sa fureur jalouse. Au sortir de son évanouissement, elle avait mis son imagination à la torture pour deviner quelle pouvait être sa rivale. Agnès était la première sur qui elle devait naturellement porter ses conjectures, qui se changèrent alors en certitude. Se proposant d'interroger Agnès, elle était entrée à petit bruit, précisément au moment où celle-ci me donnait son portrait; elle avait entendu mes tendres protestations et m'avait vu à ses genoux.

— Mes soupçons étaient donc justes, dit-elle après quelques moments de silence; la coquetterie de ma nièce a triomphé, et c'est à elle que je suis sacrifiée.Cependant, j'ai dans mon malheur quelques motifs de consolation; je ne serai pas seule trompée dans mon attente, et vous aussi vous connaîtrez ce que c'est que l'amour sans espoir. J'attends tous les jours pour Agnès l'ordre de se rendre près de ses parents. Aussitôt après son arrivée elle prendra le voile, et vous pourrez, monsieur, porter votre tendresse ailleurs. Epargnez-vous de grâce des sollicitations, ajouta-t-elle sans me permettre de parler; ma résolution est inebranlable. Votre amante restera jusqu'à son départ prisonnière dans sa chambre. Quant à vous, don Alphonso, je vous annoncerai que votre présence ne peut plus être agréable ni au baron, ni à son épouse. Ce n'est pas pour conter des douceurs à ma nièce que vos parents vous ont envoyé en Allemagne,c'est pour y voyager; et je me reprocherais de mettre plus longtemps obtacle à un si louable dessein. Adieu, monsieur; souvenez-vous que demain, dans la matinée, vous devez nous voir pour la dernière fois.

Quand elle m'eut ainsi donné mon congé en

bonne forme, elle me lança un regard à la fois méprisant et malicieux et sortit. Je me retirai dans ma chambre et je passai la nuit à songer au moyen de soustraire Agnès au pouvoir tyrannique de sa tante.

Après la déclaration formelle de la baronne, il m'était impossible de faire un plus long séjour au château de Lenderberg; j'annonçai donc dès le lendemain matin mon intention de partir sur-le-champ. Cette résolution parut sincèrement faire de la peine au baron; il me montra même à cette occasion un attachement si vif, que je crus devoir le mettre, s'il était possible, dans mes intérêts; mais à peine eus-je prononcé le nom d'Agnès qu'il m'interrompit brusquement en me déclarant qu'il lui était entièrement impossible de se mêler de cette affaire. Je vis que je perdrais mes représentations; la baronne le gouvernait despotiquement, et la réponse du baron m'annonçait qu'elle avait déjà parlé.

Agnès ne parut point; je demandai la permission de prendre congé d'elle; ma demande fut rejetée. Je fus forcé de partir sans la voir.

Le baron en me quittant me prit la main affectueusement, et m'assura qu'aussitôt que sa nièce serait partie, je pouvais regarder sa maison comme la mienne.

— Adieu, don Alphonso, me dit la baronne en me tendant la main.

Je pris cette main, je la portai à mes lèvres; elle ne le permit pas. Voyant son mari à l'autre bout de l'appartement :

— Prenez soin de vous-même, continua-t-elle; mon amour s'est changé en haine, et ma vanité blessée ne restera pas oisive. Allez où vous voudrez, ma vengeance vous suivra. Adieu.

Ces mots furent accompagnés d'un regard foudroyant. Je ne répondis point; je me hâtai de quitter le château.

En sortant de la cour, dans ma chaise de poste, je regardai aux fenêtres de votre sœur; elle n'y était pas. Je m'enfonçai désespéré dans la voiture.

J'avais alors pour toute suite un domestique français, que j'avais pris à Strasbourg à la place de Stephano,et le petit page dont je vous ai parlé. La fidélité, l'intelligence et la bonne humeur de Théodore me l'avaient déjà rendu cher; mais en ce moment il me rendait, à mon insu, un service bien plus propre à me le faire aimer davantage.

A peine avions-nous fait une demi-liene, au sortir du château, qu'après avoir couru à toute bride, il nous rejoignit, et s'approchant de ma chaise :

— Prenez courage, me dit-il en langue espagnole, qu'il commençait à parler très-couramment; tandis que vous étiez avec le baron, j'ai épié le moment où la dame Cunégonde était descendue, et suis monté à la chambre au-dessus de celle de mademoiselle Agnès. Je me suis mis à chanter aussi haut que je l'ai pu un air allemand qu'elle chante souvent, espérant qu'elle reconnaîtrait ma voix. Elle l'a reconnue en effet; sa fenêtre s'est ouverte; j'ai laissé tomber un cordon dont je m'étais pourvu. Ayant entendu après quelques instants sa fenêtre se refermer, j'ai retiré doucement, et sans me laisser voir, le cordon, autour duquel j'ai trouvé ce petit billet attaché.

Il me présenta alors un papier à mon adresse. Je l'ouvris avec impatience; il contenait les mots suivants, écrits au crayon :

« Cachez-vous dans quelque village voisin pendant une quinzaine. Ma tante croira que vous avez quitté Lenderberg et me rendra la liberté. Dans la nuit du trente de ce mois, je serai à minuit au pavillon de l'Ouest. Ne manquez pas de vous y trouver, et nous pourrons concerter ensemble nos plans pour l'avenir. Agnès. »

La lecture de ce billet me causa la joie la plus vive; je ne trouvai point de mots pour témoigner à Théodore l'excès de ma reconnaissance. Son attention et son adresse méritaient véritablement les plus grands éloges. Vous croirez aisément que je ne lui avais pas fait confidence de ma passion pour Agnès; mais son coup-d'œil était fort juste; il avait deviné mon secret; et aussi discret qu'il était clairvoyant, il avait gardé pour lui seul ses remarques. Notez encore qu'ayant observé en silence tout le progrès de cette affaire, il ne s'en était mêlé qu'à l'instant même où mon intérêt avait exigé son intervention. J'admirai également son bon sens, sa pénétration, son adresse et sa fidélité. Ce n'était pas la première preuve qu'il me donnait de sa promptitude et de sa capacité. Durant mon séjour à Strasbourg, il avait appris en très-peu de temps et avec beaucoup de succès les éléments de la langue espagnole; il passait la plus grande partie de son temps à lire; il était fort instruit pour son âge, et réunissait aux avantages d'une jolie tournure, d'une figure agréable, ceux d'un jugement fort sain et d'un excellent cœur. Son âge est à présent quinze ans. Il est toujours à mon service, et quand vous le verrez, je suis sûr qu'il vous plaira. Excusez cette digression, je reviens à mon sujet.

Fort empressé de suivre exactement les instructions d'Agnès, je fis route jusqu'à Munich. Là, je laissai ma chaise sous la garde de Lucas, mon domestique français, et revins à cheval jusqu'à un petit village éloigné de deux lieues tout au plus du château de Lenderberg. Après avoir retenu dans une auberge l'appartement le plus isolé, je fis à l'aubergiste une histoire imaginaire, afin qu'il ne s'étonnât point de notre long séjour dans sa maison. Le bonhomme était heureusement crédule et pas curieux; il crut tout ce que je lui dis et ne chercha point à en savoir plus. Théodore seul était avec moi; nous étions tous deux déguisés et sortant rarement l'un et l'autre de notre appartement, nous n'excitâmes aucun soupçon; la quinzaine se passa de cette manière. Cependant, j'eus dans cette quinzaine l'occasion de me convaincre par moi-même qu'Agnès était rendue à la liberté; je la vis passer dans le village accompagnée de la vieille Cunégonde.

— Quelles sont ces dames? dis-je à mon hôte, comme la voiture passait.

— La nièce du baron de Lenderberg, répondit-il, avec sa gouvernante; elle va régulièrement tous les vendredis au couvent de Sainte-Catherine, où elle a été élevée, et qui n'est qu'à un quart de lieue d'ici.

Vous imaginez assez aisément avec quelle impatience j'attendis le vendredi suivant. Je vis de nouveau ma chère Agnès; elle-même m'aperçut comme elle passait devant la porte de l'auberge. La rougeur qui couvrit tout-à-coup ses joues m'annonça qu'elle m'avait reconnu à travers mon déguisement. Je la saluai profondément; elle ne répondit que par un léger mouvement de tête, comme on rend le salut à un inférieur, et regarda de l'autre côté jusqu'à ce que la voiture fût passée.

Cette soirée si longtemps attendue, si longtemps désirée, arriva. Elle était calme et la lune brillait de tout son éclat. Aussitôt qu'il fut onze heures, je partis pour le rendez-vous. Théodore s'était pourvu d'une mule. J'escaladai sans difficulté les murs du jardin; le page me suivit et tira l'échelle après lui. Je gagnai alors le pavillon de l'Ouest, et là j'attendis impatiemment l'arrivée d'Agnès. A chaque léger souffle dont le vent agitait les arbres, à chaque feuille qu'il faisait tomber, je croyais entendre son pas et me levais pour aller au-devant d'elle. Ainsi je passai une heure entière, dont les moments me parurent autant de siècles. L'horloge du château sonna enfin minuit, et apres un quart-d'heure passé dans les mêmes transes, j'entendis enfin le pied léger d'Agnès qui s'approchait avec beaucoup de précaution. Elle parut; je la conduisis à un siége, et là, me jetant à ses pieds, je lui exprimai toute ma reconnaissance.

— Nous n'avons pas de temps à perdre, Alphonso, dit-elle en m'interrompant, les moments sont précieux; je ne suis plus à la vérité consignée dans ma chambre, mais Cunégonde épie toutes mes démarches. Un express est arrivé de la part de mon père; je dois partir incessamment pour Madrid, et c'est avec beaucoup de peine que j'ai obtenu une semaine de délai. La superstition de mes parents, soutenue par les représentations de ma cruelle tante, ne me laisse aucun espoir de parvenir à les fléchir. J'ai donc résolu dans cette alternative de me confier à votre honneur; fasse le ciel que je n'aie jamais lieu de me repentir de ma résolution! La fuite est mon unique ressource pour me sauver des horreurs de l'esclavage monastique, et l'imminence du danger doit faire excuser mon imprudence.

— Oh! partons, lui dis-je, partons dès ce soir même, chère Agnès!...

— Non, répondit-elle, les mesures ne sont pas prises pour une prompte fuite. Il y a d'ici à Munich au moins deux journées de chemin; les émissaires actifs de ma tante nous auraient arrêtés peut-être avant que nous fussions sortis des dépendances du baron. D'ailleurs, mon absence du château ne souffrirait qu'une seule interprétation et il n'y aurait point de doute sur le motif de ma disparition. Pour ne rien confier au hasard et pour égarer plus sûrement l'attention des surveillants, j'ai conçu un autre projet qui vous paraîtra peut-être bizarre, mais que je regarde comme infaillible et que j'aurai le courage d'exécuter. Ecoutez-moi.

Nous sommes aujourd'hui au trente avril. C'est dans la nuit du cinq mai, c'est-à-dire dans cinq jours, que doit avoir lieu l'apparition de cette religieuse fantastique. Dans ma dernière visite au couvent, je me suis procuré un habit convenable pour jouer ce rôle; une amie que j'y ai laissée et à qui je n'ai pas fait scrupule de confier mon secret, a consenti à me prêter un de ses habits religieux; j'ai trouvé ailleurs le reste de l'accoutrement, et ma taille et ma stature répondent assez bien à ce que l'on rapporte de la nonne.

Cette idée me réjouit infiniment.

— Dans cet intervalle, continue Agnès, vous aurez le temps de vous procurer une voiture bien attelée, avec laquelle vous m'attendrez à peu de distance de la grande porte du château. Aussitôt que l'horloge sonnera une heure, je sortirai de ma chambre dans mon attirail de spectre; tous ceux que je pourrai rencontrer seront trop effrayés pour s'opposer à ma sortie. J'atteindrai aisément la porte principale et me mettrai alors sous votre protection. Ainsi notre fuite sera plus prompte et plus sûre; dans le trouble on s'apercevra moins de ma disparition; les soupçons du moins se partageront; peut-être même la regardera-t-on comme un événement surnaturel. Je ne doute pas du succès. Mais s'il était possible, Alphonso, que vous me trompassiez; si vous ne voyez qu'avec mépris mon imprudente confiance, si elle n'était payée par vous que d'ingratitude, jamais, non, jamais le monde n'aurait vu un être plus malheureux que moi. Je sens tout le danger auquel je m'expose; je sens que je vous donne le droit de me traiter avec légèreté; mais je me confie à votre amour, à votre honneur. La démarche que je vais faire allumera contre moi la colère de mes parents. Si vous m'abandonniez, si vous me trahissiez, je n'aurais point d'ami pour prendre ma défense. Sur vous seul repose toute mon espérance.

Elle prononça ces derniers mots d'un ton si touchant, que malgré la joie que me causait en ce moment sa promesse de me suivre, j'en fus profondément affecté. Elle laissait tomber languissamment la tête sur mon épaule. Je vis, à la clarté de la lune, que des larmes coulaient de ses yeux. Après lui avoir dit que j'allais employer tous mes moyens pour seconder l'exécution de son projet, qui me paraissait fort bien conçu, je lui jurai dans les termes les plus solennels que sa vertu et son innocence seraient toujours en sûreté sous ma garde; que, jusqu'au moment où le don libre et légal de sa main m'aurait fait son heureux époux, son honneur serait aussi sacré pour moi que celui d'une sœur; que mon premier soin serait de vous chercher, Lorenzo, et de vous intéresser à notre union. Je continuais à lui faire ces tendres et sincères protestations, lorsqu'un bruit venant du dehors excita notre attention. La porte du pavillon s'ouvrit tout d'un coup, et nous aperçûmes Cunégonde. Ayant entendu Agnès sortir de sa chambre, elle l'avait suivie dans le jardin et l'avait vue entrer dans le pavillon, où elle n'avait rien perdu de notre conversation.

— Fort bien, s'écria-t-elle d'une voix presqu'étouffée par la colère; admirable, mademoiselle! Par sainte Barbe, vous avez d'excellentes intentions! Vous voulez contrefaire la nonne sanglante! Quelle impiété! quelle incrédulité! Je suis en vérité tentée de vous laisser poursuivre votre projet pour voir comment la vraie nonne vous arrangera si elle vous rencontre. Et vous, don Alphonso, n'êtes-vous pas honteux de séduire une jeune fille sans expérience, de l'exciter à quitter ses amis? Pour cette fois du moins je renverserai vos projets ambitieux; la bonne dame sera informée de toute cette affaire, et mademoiselle Agnès sera obligée d'attendre pour jouer la religieuse une meilleure occasion. Adieu, monsieur. Allons, très-chère sœur, dona Agnès, voulez-vous me permettre de vous reconduire à l'instant à votre cellule?

En disant ces mots, elle prit Agnès par la main et se prépara à l'emmener avec elle hors du pavillon.

Je la retins; j'employai, pour la gagner, sollicitations, flatteries, promesses; tout fut inutile. Après avoir épuisé ma rhétorique, je renonçai aux moyens de douceur.

— Eh bien, lui dis-je, las de sa résistance, votre obstination trouvera sa punition. Il me reste un seul moyen de sauver Agnès, de me sauver moi-même; vous m'y forcez et je n'hésiterai pas à l'employer.

Epouvantée de cette menace, Cunégonde fit de nouveaux efforts pour sortir du pavillon; mais alors je la saisis par le milieu du corps et la retins de force. Au même instant Théodore étant entré, je pris le voile d'Agnès et me hâtai d'entortiller la tête de la duègne, qui poussait des cris; nous la mîmes dans l'impossibilité de se faire entendre. J'invitai Agnès à se retirer dans sa chambre, lui assurant que la duègne n'aurait point de mal, et l'engageant à ne pas manquer d'exécuter son plan à l'époque convenue.

Nous emmenâmes ainsi la vieille Cunégonde, et je la retins prisonnière pendant cinq jours dans mon auberge. Pendant ce temps-là je fis dire à Lucas de m'envoyer au plus tôt une voiture attelée de quatre chevaux, en sorte qu'elle arrivât à dix heures du soir au plus tard, le cinq de mai, au village de Rosenvald. Lucas exécuta ponctuellement mes ordres. La voiture arriva à l'heure fixé.

Enfin le cinq mai arriva; cette époque ne sortira jamais de ma mémoire. Minuit n'était pas encore sonné que j'étais au rendez-vous. Théodore m'accompagnait à cheval. Je cachai la voiture dans une caverne qui se trouve sur le côté de la montagne où le château de Lenderberg est situé. Cette caverne est spacieuse et profonde. Les paysans la nomment *Caverne de Lenden.*

J'attends avec la plus vive impatience; minuit sonne, puis la demie, puis une heure; enfin deux heures sonnent et personne ne vient. Je désespérai alors de voir arriver mon Agnès.

Je retournai au village, et le lendemain, ayant emballé la vieille duègne dans la voiture, je m'éloignai de Rosenvald; et lorsque nous fûmes à deux lieues de ce village, sur la route de Munich, je rendis la liberté à Cunégonde.

Je rêvais cependant toujours au moyen de tirer Agnès de l'esclavage où elle était,dont les chaînes allaient être d'autant plus rivées qu'elle allait être plongée pour toujours dans le fond d'un cloître. Je fis déguiser Théodore en marchand colporteur, et il retourna ainsi au château de Lenderberg pour découvrir ce qui s'y passait. Il apprit d'une femme de chambre que mademoiselle Agnès était partie au commencement du mois de mai avec son père, pour se rendre à Madrid. Cela m'expliqua pourquoi elle ne s'était pas rendue au rendez-vous. Je ne pensai plus dès lors qu'à retourner en Espagne. Je repartis en effet et me rendis directement chez ma famille.

CHAPITRE XXVI.

Don Raymon et Agnès se retrouvent. Leurs amours.

Il y avait environ huit mois que j'étais de retour à Madrid. Sortant un jour de la Comédie, je revenais seul à pied à mon hôtel; la nuit était noire. Plongé dans mes réflexions, je ne m'aperçus pas que trois hommes m'avaient suivi depuis le théâtre. Au détour d'une rue peu fréquentée, ils m'attaquèrent tous à la fois avec une excessive furie. Je fis quelques pas en arrière et mis l'épée à la main, tenant mon manteau ployé sous mon bras gauche. L'obscurité de la nuit me fut favorable; la plupart de leurs coups portèrent dans mon manteau et ne m'atteignirent point. J'eus le bonheur de renverser à mes pieds l'un de mes adversaires. Cependant, j'avais reçu quelques blessures, et les autres me poursuivaient si vivement que j'aurais inévitablement succombé, si un noble cavalier, averti par le bruit des épées, ne fût venu à mon secours; plusieurs domestiques le suivaient avec des flambeaux. A leur approche, les deux spadassins prirent la fuite et se perdirent dans l'obscurité.

L'inconnu s'adressa à moi avec beaucoup de politesse, et me demanda si j'étais blessé. Déjà affaibli par la perte de mon sang, j'eus à peine la force de le remercier. Je le priai d'ordonner que quelques-uns de ses serviteurs me transportassent à l'hôtel de Las Cisternas. Mais je n'eus pas plus tôt prononcé ce nom que l'inconnu, se disant ami de mon père, ne voulut pas permettre qu'on me transportât si loin avant que mes blessures eussent été examinées. Il ajouta que sa maison était peu éloignée, et me pria de l'y accompagner. Il me fit cette offre d'une manière si obligeante que je ne pus la refuser, et, appuyé sur son bras, il me conduisit dans l'espace de quelques minutes à la porte d'un magnifique hôtel.

En entrant, je remarquai qu'un vieux serviteur à cheveux blancs, qui avait l'air d'attendre mon conducteur, lui demanda si monsieur le duc reviendrait bientôt à Madrid.—Non, répondit-il; je sais qu'il se propose de rester encore quelques mois à la campagne.—Mon libérateur fit alors appeler le chirurgien de la maison. Je fus conduit dans un fort bel appartement et placé sur un lit de repos. Le chirurgien ayant visité mes blessures, déclara qu'elles étaient fort peu dangereuses; cependant, il me conseilla de ne pas m'exposer à l'air frais de la nuit, et l'inconnu me pressa de si bonne grâce de prendre un lit dans sa maison, que je consentis à ne retourner chez moi que le lendemain.

Etant resté seul avec lui, je lui fis mes remercîments en termes plus expressifs que je n'avais pu le faire jusqu'alors.

— Ne parlez pas de cela, me dit-il, c'est moi qui dois m'estimer heureux d'avoir pu vous rendre ce petit service, et j'ai des obligations à ma famille de m'avoir retenu si tard à Sainte-Claire. J'ai toujours fait profession de la plus haute estime pour le marquis de Las Cisternas; et quoique je n'aie pas eu occasion de me lier aussi particulièrement avec lui que je l'aurais désiré, je suis fort aise de pouvoir faire connaissance avec son fils. Croyez, monsieur, que mon frère, dans la maison de qui vous êtes en ce moment, regrettera ne s'y être point trouvé; mais en l'absence du duc, c'est à moi d'en faire les honneurs, et j'ose vous assurer en son nom que tout ce que contient l'hôtel de Medina est parfaitement à votre disposition.

—Imaginez, s'il se peut, ma surprise, Lorenzo, lorsque je découvris dans la personne de mon libérateur don Gaston de Medina, le père d'Agnès et le vôtre; lorsque j'appris aussi de sa bouche qu'Agnès habitait le couvent de Sainte-Claire. La joie que me causa cette découverte fut un peu affaiblie, lorsque répondant à quelques questions que je lui faisais d'un air assez indifférent, il me dit que sa fille avait non-seulement pris le voile, mais qu'elle avait aussi prononcé ses vœux. Cependant je ne m'affectai que modérément de cette nouvelle, soutenu par l'idée que le crédit de mon oncle à la cour de Rome aurait bientôt aplani cet obstacle et que j'obtiendrais aisément la résiliation de ses vœux. Je ne laissai donc voir aucune inquiétude et ne parus occupé que du soin de témoigner ma reconnaissance à don Gaston et de gagner son amitié.

Un domestique entrant en ce moment dans la chambre m'annonça que le spadassin que j'avais blessé donnait encore quelques signes de vie et même qu'il recommençait à parler. Je priai qu'on le fit porter à l'hôtel de mon père, désirant l'interroger moi-même et savoir de lui quel motif l'avait porté à attenter à ma vie. Don Gaston, curieux aussi de les connaître, me pressa d'interroger l'assassin en sa présence ; mais il me trouva peu disposé pour deux raisons, à satisfaire ma curiosité ; la première c'est que, soupçonnant déjà d'où partait le coup, je ne crus pas devoir exposer ainsi sous ses yeux le crime de sa sœur ; la seconde c'est que je craignais que, me reconnaissant pour Alphonso d'Alvarado, il ne prît des précautions extraordinaires pour m'empêcher de voir Agnès. Lui faire l'aveu de ma passion pour sa fille, entreprendre de lui faire goûter mes projets, ce que je connaissais du caractère de don Gaston suffisait pour me faire connaître que cette démarche eût été imprudente. Je lui donnai donc à entendre que, soupçonnant une certaine dame d'être mêlée dans cette affaire, et ayant quelques raisons de désirer que son nom restât inconnu, je croyais devoir interroger cet homme en particulier. La délicatesse de don Gaston ne lui permit point d'insister sur ce point, et l'assassin fut transporté à mon hôtel.

Le lendemain matin je pris congé de mon hôte, qui devait le même jour retourner auprès du duc. Mes blessures avaient été légères. Le chirurgien qui examina celle du spadassin la déclara mortelle. Il mourut en effet quelques minutes après avoir avoué que dona Rodolphe avait été l'instigatrice du complot.

Je n'eus plus alors d'autre affaire que celle de retrouver Agnès, de la revoir. Je ne vous ferai point mystère, Lorenzo, des moyens que j'employai pour y parvenir. Je corrompis à prix d'argent le vieux jardinier, qui m'introduisit dans le couvent de Sainte-Claire, déguisé sous un habit de paysan. Je fus même présenté à l'abbesse et accepté par elle en qualité de garçon jardinier. Je revis Agnès, je la vis plusieurs fois avant qu'elle pût me reconnaître. Plusieurs fois j'entendis sa vieille et austère abbesse, se promenant avec elle, la réprimander avec aigreur sur sa continuelle mélancolie, lui reprocher que, dans sa situation, pleurer la perte d'un amant était un crime et qu'en toute situation pleurer celle d'un infidèle était une folie. Agnès enfin me reconnut; et c'est ici, Lorenzo, que j'ai besoin d'en appeler pour ma justification à notre longue amitié, à la connaissance que vous avez de mon inaltérable honneur; c'est ici que je dois implorer votre indulgence; je supprime d'inutiles détails. Agnès m'aimait. Lorsque j'eus trouvé l'occasion favorable de lui parler sans témoin, obéissante aux volontés de son père, fidèle à ses vœux, elle refusa de m'écouter ; elle m'entendit cependant, pressé par mes sollicitations. Je me justifiai pleinement à ses yeux; je lui exposai tous mes motifs d'espérance; je la fis consentir à seconder mes projets. Chaque nuit elle se rendait dans un réduit écarté que m'avait procuré le jardinier. Là, plus libre qu'au milieu du monde, je lui jurai une éternelle tendresse. Rappelez-vous, Lorenzo, notre amour, si violemment contrarié, mes souffrances, la pureté de mes intentions, ma ferme résolution de n'avoir jamais qu'Agnès pour épouse; rappelez-vous sa candeur, la violence faite à ses sentiments. Que vous dirai-je enfin? Dans un moment de délire nous ne reconnûmes le danger auquel nous exposait notre mutuelle tendresse qu'en nous apercevant que l'amour nous avait égarés l'un et l'autre, que les vœux d'Agnès étaient déjà enfreints et qu'elle était déjà mon épouse.

Ici Lorenzo donna des marques visibles de mécontentement. Le marquis l'apaisa, en le nommant son ami, son frère, et continua :

Après les premiers instants de délire passés, cet accident fit frémir Agnès. L'amour cédant tout-à-coup aux regrets et à la crainte, elle me fit des reproches amers. Frappée de terreur, elle s'échappa de mes bras et s'enfuit dans sa cellule. Depuis ce moment je n'ai pu la revoir qu'une seule fois, et c'était en plein jour, comme elle se promenait appuyée sur le bras d'une de ses compagnes, qui paraissait être son amie, et avec laquelle je l'avais déjà vue plusieurs fois. Elle jeta sur moi un triste regard et détourna la tête.

Dès le soir de ce jour même, le jardinier me notifia qu'il ne pouvait plus me servir.—La jeune sœur, dit-il, m'a déclaré que si je continuais à vous admettre dans le jardin, elle-même découvrirait tout à madame l'abbesse. Elle m'a dit en-

T. 3. P. 116.

core que votre présence désormais lui était pénible,et que si vous conserviez quelque respect pour elle, vous ne deviez plus chercher à la voir. Excusez-moi donc si je vous dis qu'il ne m'est plus possible de favoriser votre déguisement. Si l'abbesse venait à savoir ce que j'ai fait pour vous, non contente de me renvoyer, elle m'accuserait d'avoir profané son couvent et me ferait jeter dans les prisons de l'Inquisition.

Je combattis vainement sa résolution; il me refusa toute entrée dans le jardin, et Agnès persévéra à ne vouloir plus ni me voir ni m'entendre.

Environ quinze jours après, une maladie violente dont mon père fut attaqué m'obligea de partir pour l'Andalousie. Je m'y rendis et trouvai le marquis à l'article de la mort. Quoique dès les premiers symptômes sa maladie eût été déclarée mortelle, elle traîna pendant plusieurs mois. Ensuite la nécessité où je me trouvai de mettre ordre à mes affaires après son décès ne me permit pas de quitter l'Andalousie. Mais de retour à Madrid depuis quatre jours, j'ai trouvé en arrivant à mon hôtel la lettre que voici. Ici le marquis ouvrit le tiroir de son secrétaire, et en tira un papier qu'il présenta à Lorenzo; celui-ci l'ouvrit, reconnut la main de sa sœur et lut :

« Dans quel abîme de maux vous m'avez plongée, Raymond; vous m'avez rendue aussi criminelle que vous. J'avais résolu de ne vous revoir de ma vie, de vous oublier s'il était possible et même de vous haïr. Un être pour lequel je sens déjà une tendresse maternelle me sollicite de pardonner à mon séducteur et de réclamer son amour. Raymond, votre enfant vit déjà dans mon sein. Je redoute la vengeance de l'abbesse; je tremble pour moi-même et plus encore pour l'innocente créature dont l'innocence dépend de la mienne. Nous serions perdus l'un et l'autre si l'on venait à découvrir mon état; conseillez-moi, dites-moi ce que je dois faire, mais ne cherchez pas à me voir. Le jardinier qui s'est chargé de vous remettre cette lettre est renvoyé; celui qui le remplace est d'une fidélité incorruptible. L'unique moyen de me faire passer votre réponse est de la cacher sous la grande statue de saint Dominique, dans l'église des Dominicains, où je vais à confesse tous les jeudis. Je pourrai aisément la prendre là sans être aperçue. Je sais que vous êtes absent de Madrid; est-il nécessaire que je vous prie de m'écrire aussitôt après votre retour? je ne le pense pas. Ah! Raymond, ma situation est cruelle. Forcée d'embrasser une profession dont je me sens peu propre à remplir les devoirs, pénétrée de la sainteté de ces devoirs, et séduite, hélas! par l'homme que j'aimais le plus, je me vois réduite à opter entre la mort et le parjure. Ma faiblesse, l'affection maternelle, ne me permettent pas d'hésiter. La mort de mon pauvre père, arrivée depuis notre séparation, écarte un des plus grands obstacles à notre union. Mon père repose dans le tombeau, et je n'ai plus à redouter sa colère. Mais la colère de Dieu, Raymond, qui pourra m'y soustraire? Qui me protégera contre le cri de ma propre conscience? Je n'ose m'appesantir sur ces réflexions; elles me rendraient folle. Ma résolution est prise; obtenez la résiliation de mes vœux; je suis prête à vous suivre; écrivez-moi, ô mon époux! dites-moi que l'absence n'a point diminué votre amour; dites-moi que vous allez sauver de la mort votre innocent enfant et sa malheureuse mère. Je suis en proie à toutes les angoisses de la terreur. Il me semble que tous les yeux qui se fixent sur moi lisent sur mon visage mon secret et ma honte. Vous êtes la cause, Raymond, de toutes ces souffrances. Oh! que j'étais loin de soupçonner, quand mon cœur commença à vous aimer, les tristes effets de l'amour! AGNÈS. »

Après avoir lu cette lettre, Lorenzo la rendit en silence. Le marquis la plaça dans son secrétaire et continua.

Cette nouvelle si peu attendue mais si ardemment désirée me combla de joie. Mon plan fut aussitôt arrêté.

Lorsque j'appris la retraite d'Agnès, ne doutant pas qu'elle ne fût disposée à quitter le couvent, j'avais déjà fait confidence de toute l'affaire au cardinal duc de Lerme, qui aussitôt s'était occupé d'obtenir la bulle nécessaire. J'ai heureusement négligé d'arrêter les démarches; une lettre que je viens de recevoir de lui m'annonce qu'il attend tous les jours l'ordre de la cour de Rome. J'étais assez d'avis d'attendre patiemment cet ordre; mais le cardinal me conseilla de faire sortir, s'il est possible, Agnès du couvent, à l'insu de la supérieure, ne doutant point que celle-ci ne voie avec un extrême déplaisir sortir de sa maison une jeune personne d'un rang si distingué, et qu'elle ne regarde son abjuration comme une insulte faite au couvent de Sainte-Claire. Il me représente cette abbesse comme une femme d'un caractère violent et vindicatif. J'ai a craindre qu'en enfermant Agnès dans son couvent elle ne frustre toutes mes espérances, et ne rende vaines les lettres du pape. D'après cette considération, j'ai résolu d'enlever Agnès et de la tenir cachée dans une des terres du cardinal-duc jusqu'à l'arrivée de la bulle; il approuve mon dessein et m'assure qu'il est prêt à donner asile à la belle fugitive. J'ai donc fait pour opération première arrêter sûrement et transporter à mon hôtel le nouveau jardinier de Sainte-Claire. Par ce moyen je tiens en ma possession la clef de la porte du jardin; il ne me restait plus qu'à préparer Agnès à son évasion,et c'est ce que je faisais par la lettre que vous m'avez vu placer à l'endroit qu'elle m'avait indiqué. Cette lettre lui annonce que je serai prêt à la recevoir demain, à minuit, et que tout est préparé pour sa prompte et infaillible délivrance.

Vous connaissez maintenant, Lorenzo, toute l'histoire de mes amours; vous êtes à même de juger ma conduite et de reconnaître la fausseté des récits qui vous ont été faits. Je vous répète ici que mes intentions relativement à votre sœur ont toujours été pures et honorables; que mon dessein et mon unique désir ont toujours été et sont toujours de l'avoir pour femme. J'espère qu'en faveur de ces dispositions vous me pardonnerez l'erreur d'un moment; que vous-même m'aiderez à réparer mes torts envers elle et à m'assurer un titre légitime à la possession de sa personne et de son cœur.

Après que le marquis eût ainsi terminé le récit de ses aventures, Lorenzo garda quelques instants le silence; il le rompit enfin.

— Raymond, dit-il en lui prenant la main, les lois strictes de l'honneur exigeraient que je vengeasse dans votre sang l'outrage que vous avez fait à ma famille; mais d'après les circonstances particulières que vous venez de me raconter, je ne puis voir en vous un ennemi. Je conçois que la tentation a été trop forte et qu'il aurait fallu une sorte de vertu plus qu'humaine pour la surmonter. La superstition de mes parents est la seule cause de tous ces malheurs; ils sont plus répréhensibles qu'Agnès et que vous-même. Le passé ne peut être rappelé, mais il peut être réparé par votre union avec ma sœur. Vous avez été, vous continuerez d'être mon meilleur et unique ami. J'ai pour Agnès la plus tendre affection; et si j'avais eu à faire choix d'un époux pour elle, c'est vous-même que j'aurais choisi. Poursuivez donc votre entreprise. Je vous accompagnerai demain au soir et conduirai moi-même Agnès à la maison du cardinal. Ma présence légitimera sa conduite et mettra à l'abri de toute censure sa fuite du couvent.

Le marquis lui témoigna sa vive reconnaissance. Lorenzo lui apprit qu'il n'avait plus rien à craindre de l'inimitié de dona Rodolphe, car elle était morte depuis cinq mois. Les deux amis se séparèrent ensuite.

Tout était prêt pour le second enlèvement d'Agnès; Raymond et Lorenzo se rendirent le lendemain, à minuit, avec un carrosse à quatre chevaux, sous les murs du couvent. Don Raymond, possesseur de la clef du jardin, en ouvrit la porte; ils entrèrent et attendirent pendant quelque temps qu'Agnès vînt les rejoindre. Le marquis, impatient et craignant que la seconde tentative ne fût pas plus heureuse que la première, proposa d'aller de plus près reconnaître le couvent. Les deux amis s'approchèrent; tout était tranquille et dans l'obscurité. Mais en vain attendirent-ils; l'abbesse, quoiqu'instruite du dessein de l'amant d'Agnès, s'était contentée de la renfermer étroitement, laissant à don Raymond la liberté de poursuivre l'accomplissement de son projet. Le marquis et Lorenzo, ayant attendu jusqu'au point du jour, se retirèrent sans bruit, alarmés de voir ainsi leur projet découvert et ne pouvant en deviner la cause.

Le lendemain matin, Lorenzo courut au couvent et demanda sa sœur. L'abbesse parut à la grille et lui annonça que depuis plusieurs jours Agnès avait paru fort agitée; et qu'enfin jeudi au soir elle était tombée malade et gardait le lit en ce moment.

Lorenzo ne crut pas un mot de cette histoire et demanda à être introduit dans la cellule d'Agnès.

L'abbesse fit le signe de la croix, choquée de la seule idée que l'œil profane d'un homme pût parcourir l'intérieur de la sainte maison. Elle refusa à Lorenzo d'acquiescer à sa demande. Celui-ci s'en retourna et raconta au marquis ce qui s'était passé. Ils ne doutèrent plus que leurs projets n'eussent été découverts.

Ils étaient dans les plus cuisants chagrins. Raymond tomba malade; mais sur ces entrefaites il reçut une lettre du cardinal-duc de Lerme. Cette lettre renfermait la bulle du pape qui relevait Agnès de ses vœux, et ordonnait qu'elle fût rendue à ses parents. L'arrivée de ce papier essentiel détermina la marche qu'ils suivraient désormais. Ils convinrent que Lorenzo irait porter dès le lendemain une expédition de la bulle du pape à l'abbesse, qui, pour se dispenser d'obéir, ne pourrait alors alléguer la maladie d'Agnès; qu'il exigerait que sa sœur lui fût remise à l'instant même et qu'il la conduirait au palais de Medina.

Le lendemain, dès le point du jour, Lorenzo était au couvent de Sainte-Claire, muni d'une copie en bonne forme des ordres du Saint-Père. Les nonnes étaient encore à matines; il en attendit impatiemment la fin. L'abbesse enfin parut à la grille; il demanda à voir Agnès. — Hélas! répondit la vieille dame, la situation de cette chère enfant devient à chaque instant plus dangereuse. Les médecins en désespèrent et ont défendu qu'elle reçût aucune espèce de visite. Lorenzo répondit à ces douloureuses exclamations en présentant à l'abbesse l'ordre exprès de Sa Sainteté et exigea que, malade ou non, sa sœur lui fût remise à l'instant.

L'abbesse reçut le papier avec l'air de la plus

profonde humilité; mais quand elle eut d'un coup d'œil vu ce qu'il contenait, sa colère parut à travers les efforts de son hypocrisie. Son visage devint pourpre, et les regards qu'elle lança à Lorenzo exprimaient la fureur et la menace.

— Cet ordre est positif, dit-elle en s'efforçant de paraître calme, et je voudrais qu'il fût en mon pouvoir de m'y conformer.

Lorenzo poussa un cri de surprise.

— Je vous le répète, monsieur, je m'empresserais d'obéir à cet ordre; mais malheureusement cela n'est plus en mon pouvoir. J'ai voulu, par égard pour vos sentiments fraternels, vous annoncer par degrés un malheureux événement, vous préparer à en recevoir courageusement la nouvelle. Cet ordre exprès rompt toutes mes mesures. Vous demandez Agnès, votre sœur; je suis obligée de vous annoncer sans retour qu'elle est morte samedi dernier.

Lorenzo pâlit.

— Vous me trompez, dit-il après un moment de réflexion. Il n'y a pas encore cinq minutes que vous me disiez qu'elle était malade mais toujours vivante. Produisez-moi ma sœur à l'instant même; je dois, je veux la voir.

— Vous vous oubliez, monsieur; vous devez le respect à mon âge ainsi qu'à ma profession. Votre sœur n'est plus. Je ne vous ai caché jusqu'à présent sa mort que pour vous épargner un coup trop violent. En vérité, je suis bien mal payée de mes bonnes intentions. Et quel intérêt, je vous prie, aurais-je à la retenir? Il m'eût suffi de connaître qu'elle désirait quitter notre communauté pour souhaiter moi-même son absence. Son séjour ici ne pouvait être d'ailleurs qu'un opprobre pour le couvent de Sainte-Claire. Votre sœur, monsieur, a trompé ma tendre affection; elle est bien criminelle, et quand vous connaîtrez la cause de sa mort, vous vous en réjouirez. Elle tomba malade jeudi dernier, au sortir du tribunal de la pénitence. Sa maladie était accompagnée des plus étranges symptômes; cependant, elle persistait à n'en point avouer la cause. Nous sommes toutes, grâces au ciel, trop innocentes pour en avoir eu le moindre soupçon. Imaginez quelle fut notre consternation, notre horreur, lorsqu'on nous apprit le lendemain qu'elle avait mis au monde un enfant mort en naissant, et qu'elle suivit immédiatement au tombeau. Quoi! monsieur, je ne vois sur votre visage ni surprise, ni indignation? Est-il possible que l'infamie de votre sœur n'excite en vous aucun mouvement d'insensibilité? En ce cas, je vous retire ma compassion. Il n'est plus, je vous le répète, en mon pouvoir d'obéir aux ordres de Sa Sainteté, et je vous jure, par notre divin Sauveur, qu'elle est en terre depuis trois jours.

Lorenzo désespéré sortit; mais don Raymond, en apprenant cette nouvelle, devint presque fou; il ne pouvait se figurer qu'Agnès fût morte et persistait à dire qu'elle était toujours dans l'enceinte des murs du couvent. Il n'était point de raisonnement qui pût lui faire abandonner ses espérances; chaque jour il inventait, mais sans succès, un nouvel artifice pour en obtenir quelque nouvelle.

Medina, de son côté, avait renoncé à l'espoir de la revoir; mais il encourageait les recherches de don Raymond, bien persuadé qu'on avait employé contre la vie de sa sœur des moyens violents, et brûlant de tirer une vengeance éclatante des procédés qu'il attribuait à l'insensible abbesse.

Medina et le marquis décidèrent qu'ils devaient livrer à la justice les assassins d'Agnès. Lorenzo fut obligé de signifier au grand inquisiteur l'ordre du cardinal duc, formalité essentielle dans le cas où il était question d'arrêter un membre de l'Eglise, de communiquer son projet à son oncle et d'assembler une suite assez nombreuse pour n'avoir à craindre aucune résistance; il n'eut pas un instant à perdre pendant le peu d'instants qui lui restaient jusqu'à minuit.

Le marquis n'était pas à beaucoup près hors de danger. L'existence lui était devenue odieuse; il ne voyait rien dans le monde qui méritât de l'occuper. Le seul espoir qui lui restât était d'apprendre en même temps qu'Agnès était vengée et que lui-même était condamné à mourir.

Accompagné de tous les vœux de don Raymond, Lorenzo était à la porte de Sainte-Claire à l'heure indiquée par les agents de la justice. Il avait avec lui son oncle, don Ramirez de Mello, et une petite troupe d'archers choisis. Quoique leur nombre fût assez considérable, il n'étonna personne. Il y avait déjà devant la porte du couvent une grande foule qui s'y était rassemblée pour voir la procession. Il était naturel de supposer que Lorenzo et sa suite y étaient pour le même objet. Le peuple ayant reconnu le duc de Medina, se retira, et laissa passer son groupe sur le devant. Lorenzo se plaça en face de la grande porte. Convaincu que la prieure ne pourrait lui échapper, il attendit patiemment qu'elle parût. On l'attendait à minuit précis.

Les religieuses étaient occupées à remplir les cérémonies en l'honneur de sainte Claire et auxquelles aucun profane n'était admis. Les fenêtres de la chapelle étaient fort éclairées. On entendait du dehors les sons harmonieux de l'orgue, qui, mêlés à quelques voix de femmes, perçaient le silence de la nuit. Ce chœur cessa et l'on entendit une voix seule; c'était celle de la personne destinée à remplir dans la procession le rôle de sainte Claire. On choisissait toujours pour cet emploi la plus belle femme de Madrid, et celle sur qui ce choix tombait le regardait comme un honneur insigne. Le peuple, attentif à la musique dont les sons éloignés n'étaient que plus doux, gardait un silence religieux. Un recueillement profond régnait dans toute la foule. Tous les cœurs étaient pénétrés de respect pour les saints mystères.

Le couvent des Dominicains n'était séparé de celui de Sainte-Claire que par le lieu de la sépulture et par le jardin. Les moines avaient été invités à assister à la procession. Ils arrivèrent alors marchant deux à deux, tenant à la main des cierges allumés, et chantant des hymnes en l'honneur de sainte Claire. Le peuple fit place à la troupe sainte, et les moines se placèrent sur deux lignes, aux deux côtés de la grande porte. Quelques minutes suffirent pour arranger l'ordre de la procession. Les portes du couvent s'ouvrirent, et l'on entendit de nouveau les religieuses chantant en plein chœur.

D'abord parut une troupe de chantres; aussitôt qu'ils furent passés, les moines sortirent deux à deux, et suivirent à pas lents et mesurés. Les novices venaient ensuite; elles ne portaient pas de cierges comme les professes. Elles marchaient les yeux baissés et paraissaient occupées à dire leur chapelet. A celles ci succédait une jeune et aimable fille qui représentait sainte Lucie. Elle tenait un bassin d'or. Ses yeux étaient couverts d'un bandeau de velours et elle était conduite par une autre religieuse vêtue en ange. Suivait une sainte Catherine, tenant d'une main une branche de palmier, et de l'autre une épée; elle était vêtue de blanc et son front était orné d'un diadème éclatant. Après elle paraissait sainte Geneviève, entourée d'une foule de petits diablotins qui, prenant mille figures grotesques, la tiraient par la robe et faisaient autour d'elle toutes sortes de bouffonneries, pour tâcher de distraire son attention d'un livre sur lequel ses yeux étaient constamment attachés. Entre chacune de ces saintes était un groupe de chanteuses qui, dans des hymnes, célébraient leurs louanges respectives et élevaient leurs mérites, qu'elles déclaraient toutefois être inférieurs à ceux de sainte Claire, patronne principale du couvent. Après cela parut une longue suite de religieuses, à la suite desquelles venaient les reliques de sainte Claire, que renfermaient des vases aussi précieux par leur travail que par leur matière.

Toutes ces merveilles attiraient peu les yeux de Lorenzo; enfin parut ce qui faisait le plus bel ornement de la cérémonie. C'était une machine faite en forme de trône, enrichie de pierreries et éblouissante de lumières. Elle s'avançait sur des roues cachées et paraissait conduite par d'aimables enfants vêtus en séraphins. Le sommet était couvert de nuages argentés sur lesquels reposait la plus belle figure qu'on eût jamais vue. C'était une jeune personne qui représentait sainte Claire. Son habit était d'un prix inestimable; une guirlande de diamants formait autour de sa tête une gloire artificielle. Mais l'éclat de tous ces ornements le cédait à celui de ses charmes. A mesure qu'elle avançait un murmure d'étonnement parcourait les rangs de la foule. Lorenzo lui-même s'avoua en secret qu'il n'avait jamais vu une beauté plus parfaite, mais dans l'état où se trouvait son âme, il ne la considéra que comme une belle statue. Elle n'obtint de lui que le tribut d'une admiration insensible, et lorsqu'elle fut passée il n'y pensa plus.

— Qui est-elle? demanda un spectateur assez près de Lorenzo pour que celui-ci pût l'entendre.

— C'est, répondit quelqu'un, une jeune personne dont vous avez souvent entendu vanter la beauté. Elle s'appelle Virginie de Villa-Franca. C'est une pensionnaire du couvent de Sainte-Claire. Elle est parente de l'abbesse, et on l'a choisie avec raison pour faire l'ornement de la procession.

L'abbesse suivait le trône avec un air dévot et un maintien recueilli; elle marchait à la tête des autres religieuses qui fermaient la procession. Sa marche était grave, ses yeux étaient levés au ciel; sa figure calme et tranquille annonçait le détachement de toutes les choses de ce monde. Aucun de ses traits ne trahissait l'orgueil secret avec lequel elle étalait la pompe et l'opulence de sa maison. Les prières du peuple la précédaient ; elle était suivie de ses bénédictions. Mais quelle fut sa surprise, quelle fut la confusion générale, lorsque don Ramirez, s'avançant vers elle, lui déclara qu'elle était sa prisonnière.

Immobile et muette d'étonnement, l'abbesse après le premier moment revint à elle-même, et criant au sacrilége, à l'iniquité, invita le peuple à venir au secours des filles du Seigneur. On se préparait à lui obéir, lorsque don Ramirez, opposant ses archers à leur fureur, commanda aux plus avancés de s'arrêter et les menaça de toutes les vengeances de l'Inquisition. A ce nom redouté tous les bras tombèrent, toutes les épées furent remises dans le fourreau. L'abbesse elle-même, pâlissant, commença à trembler. Le silence général la convainquit qu'elle n'avait rien à espérer que de son innocence; et d'une voix troublée elle pria don Ramirez de lui apprendre de quel crime elle était accusée.

—Vous le saurez, dit-il, quand il en sera temps. Mais d'abord je dois m'assurer de la mère sainte Ursule.

— De la mère sainte Ursule! répéta l'abbesse, d'un ton troublé.

Et jetant alors les yeux autour de don Ramirez, elle vit Lorenzo et le duc qui avaient suivi cet officier.

— Grand Dieu ! s'écria-t-elle, en joignant les mains de désespoir, je suis trahie !

— Trahie! reprit la mère sainte Ursule, qui arriva alors conduite par quelques-uns des archers et suivie de la religieuse qui l'accompagnait à la procession, non pas trahie mais dénoncée. Reconnaissez en moi votre accusatrice. Vous ne savez pas jusqu'à quel point je suis instruite de vos crimes. Seigneur, continua-t-elle, en s'adressant à don Ramirez, je me remets sous votre garde. J'accuse d'assassinat l'abbesse de Sainte-Claire, et je réponds de la vérité de mon accusation.

Un cri général de surprise s'éleva parmi tous les assistants. On demanda hautement une explication. Les religieuses, tremblantes, effrayées du bruit et du désordre, se dispersèrent et s'enfuirent d'un côté et d'autre. Quelques-unes regagnerent le couvent; d'autres cherchèrent un asile dans la demeure de leurs parents. Plusieurs, uniquement occupées du danger actuel, et ne songeant qu'à éviter le tumulte, couraient au travers des rues sans savoir où elles allaient. L'aimable

Virginie fut une des premières à s'enfuir. Elle avait laissé son trône vacant; et le peuple, pour mieux entendre la mère sainte Ursule, voulut absolument qu'elle montât dessus pour le haranguer. La religieuse y consentît; elle monta sur la brillante machine, et s'adressa en ces termes à la foule qui l'entourait.

CHAPITRE XXVII.

Mort d'Agnès et de l'abbesse.

Quelque étrange, quelque peu convenable que puisse paraître ma conduite dans une femme, et surtout dans une religieuse, la nécessité me servira d'excuse. Un secret, un horrible secret, pèse sur mon âme. Je ne puis jouir d'aucun repos que je ne l'aie révélé au monde entier et que je n'aie apaisé le sang innocent qui me crie vengeance du fond du tombeau. J'ai beaucoup risqué pour me procurer cette occasion de soulager ma conscience. Si j'avais échoué dans mes efforts pour déceler le crime, si l'abbesse avait seulement soupçonné que ce mystère d'iniquité me fût connu, ma perte était inévitable. Les anges de lumière qui veillent sans cesse sur ceux qui méritent leur faveur m'ont aidée à cacher mon projet. Il m'est donc permis de faire un récit dont les circonstances glaceront d'horreur toutes les âmes sensibles. Je prends à tâche de déchirer le voile de l'hypocrisie et d'apprendre aux parents égarés à quels dangers est exposée la malheureuse femme qu'ils ont une fois soumise à l'empire de la tyrannie monastique.

Parmi les religieuses de Sainte-Claire, aucune n'était plus aimable, aucune n'était plus douce qu'Agnès de Medina; je la connaissais parfaitement; j'étais son amie, sa confidente; je n'étais pas la seule qui eût pour elle une tendre amitié; sa piété vraie, son empressement à obliger, son caractère angélique, la faisaient chérir de tout ce qu'il y avait d'estimable dans la communauté. L'abbesse elle-même, vaine, sévère et scrupuleuse, ne pouvait refuser à Agnès une approbation qu'elle n'accordait à personne. Chacun a quelque défaut. Hélas! Agnès eut une faiblesse; elle viola les lois de notre ordre, et encourut la haine de l'implacable abbesse. Les règles de Sainte-Claire sont sévères, mais antiques et négligées; plusieurs, depuis quelques années, étaient restées dans l'oubli, ou, par un consentement général, avaient été remplacées par des dispositions plus douces. La peine attachée au crime d'Agnès était cruelle, était barbare. La loi était depuis longtemps tombée en désuétude. Hélas! elle existait encore, et la vindicative abbesse voulut la faire revivre. Cette loi ordonnait que la coupable fût plongée dans un cachot secret, spécialement destiné à cacher éternellement au monde la victime d'une superstitieuse tyrannie. Dans cette triste demeure, elle devait être en proie à une solitude perpétuelle et crue morte de tous ceux que des liaisons de famille ou d'amitié auraient pu engager à tâcher de la secourir. Ainsi devait-elle languir le reste de ses jours, sans autre nourriture que du pain et de l'eau, sans autre consolation que la facilité de donner un libre cours à ses larmes.

L'indignation élevée par ce récit fut si violente que pendant quelques moments elle interrompit la narration de la mère sainte Ursule. Lorsque l'agitation eut cessé et que le silence eut recommencé à régner dans l'auditoire, elle reprit son discours, pendant lequel, à chaque phrase, les terreurs de l'abbesse paraissaient augmenter.

On assembla un conseil de douze anciennes religieuses; j'étais du nombre. La prieure peignit de couleurs exagérées les torts d'Agnès, et n'eut pas de scrupule de remettre en vigueur cette loi presqu'oubliée. Je dois le dire à la honte de notre sexe : le pouvoir de l'abbesse était si absolu dans le couvent, et le malheur, la solitude et les austérités avaient tellement endurci les cœurs de nos anciennes et aigri leur caractère, que cette barbare proposition obtint neuf voix sur douze. Je n'étais pas une des neuf; j'avais eu de fréquentes occasions de me convaincre des vertus d'Agnès; j'avais pour elle un tendre attachement; je compatissais à sa faiblesse et j'avais pitié de son malheur. Les mères Berthe et Concilie se mirent de mon côté; nous fîmes la plus forte opposition, et la supérieure se trouva forcée de changer de projet; quoique la majorité fût de son avis, elle craignit de braver le nôtre ouvertement; elle savait que, soutenues par la famille de Medina, nous serions assez fortes pour l'emporter; elle n'ignorait pas non plus que c'en serait fait d'elle si Agnès, une fois enfermée et crue morte, venait à être découverte; elle renonça donc, quoiqu'avec beaucoup de répugnance, à son dessein. Elle demanda quelques jours pour trouver un genre de pénitence qui pût être approuvé de toute la communauté, et promit aussitôt qu'elle aurait pris une résolution de rassembler le même conseil. Deux jours se passèrent. Le soir du troisième, on annonça que le lendemain Agnès serait interrogée, et que, suivant la conduite qu'elle tiendrait en cette occasion, sa peine serait augmentée ou mitigée.

Dans la nuit qui précéda cet examen, indignée, je me glissai dans la cellule d'Agnès à une heure où je supposais les autres religieuses endormies. Je la consolai autant qu'il m'était possible; je l'invitai à prendre courage; je lui dis de compter sur l'appui de ses amis, et je convins avec elle de certains signes par lesquels je m'engageais à répondre par oui ou par non aux questions de l'abbesse; sachant que son ennemie chercherait à l'effrayer, à l'embarrasser, je craignais qu'on ne lui surprît quelqu'aveu préjudiciable à ses intérêts. Je voulais tenir ma visite secrète, et je restai peu de temps avec Agnès. Je la pressai de ne point se laisser abattre; mêlant mes larmes à celles qui inondaient son visage, je l'embrassai tendrement, et j'étais sur le point de me retirer, lorsque j'entendis marcher quelqu'un qui s'approchait de la cellule; je m'éloignai vite de la porte. Un rideau qui couvrait un grand crucifix m'offrit une retraite; je courus me cacher derrière. La porte s'ouvrit, et l'abbesse entra suivie de quatre autres religieuses; elles s'approchèrent du lit d'Agnès. L'abbesse lui reprocha sa faiblesse dans les termes les plus durs. Elle lui dit qu'elle déshonorait la maison, qu'un monstre comme elle ne méritait pas de vivre. Puis elle lui ordonna de boire une liqueur contenue dans un vase que lui présentait une des religieuses. Inquiète sur les effets de ce breuvage, et craignant de se trouver sur le bord de l'éternité, la malheureuse enfant tâcha par les prières les plus touchantes d'exciter la pitié de l'abbesse. Elle demanda la vie dans des termes qui auraient attendri le cœur d'un tigre; elle promit de se soumettre à toutes les punitions qu'on voudrait lui infliger, la honte, la prison, les tourments; elle supporterait tout, pourvu qu'on lui laissât la vie, qu'on lui accordât seulement un mois, une semaine, un jour. Son impitoyable ennemie écouta sans se laisser émouvoir ses instantes prières. Elle lui dit que d'abord elle s'était proposée de la laisser vivre, et que si elle avait changé d'avis, elle n'avait à s'en prendre qu'aux amies qui l'avaient défendue. Elle continua d'insister pour qu'elle avalât le poison, lui dit d'implorer la miséricorde de Dieu, et non la sienne, et lui assura que dans une heure elle ne serait plus au nombre des vivants. Voyant qu'il n'y avait aucun espoir de toucher cette femme insensible, Agnès essaya de se jeter à bas de son lit et de demander du secours. Elle se flattait, si elle ne pouvait échapper au danger qui la menaçait, d'avoir au moins des témoins de la violence qu'on lui voulait faire. L'abbesse devina son intention; elle la saisit avec force par le bras et la rejeta sur son oreiller. En même temps, tirant un poignard et en mettant la pointe sur le sein de la malheureuse Agnès, elle lui déclara que si elle jetait un seul cri ou si elle tardait encore un instant à boire le poison, elle allait le lui enfoncer dans le cœur. Déjà à demi-morte de frayeur, elle ne put résister plus longtemps; la religieuse approcha avec le funeste vase. L'abbesse força Agnès de le prendre et d'avaler le breuvage. La malheureuse enfant le but et le crime fut consommé. Les religieuses s'assirent près du lit; aux gémissements de l'infortunée elles répondirent par des reproches. Elles interrompaient par des sarcasmes les prières par lesquelles elle se recommandait à la miséricorde divine; elles la menaçaient de la colère de Dieu et de la damnation éternelle; elles lui disaient qu'il n'y avait pour elle aucun espoir de pardon et jonchaient ainsi d'épines la couche douloureuse de la mort. Telles furent les souffrances de cette malheureuse infortunée, jusqu'au moment où la mort vint la soustraire à la malice de ses persécutrices. Elle expira entre l'horreur du passé et la crainte de l'avenir; et ses derniers moments furent si terribles qu'ils durent amplement satisfaire la haine et la vengeance de ses ennemis.

L'abbesse, aussitôt que sa victime eut cessé de respirer, sortit de la chambre; ses complices la suivirent.

Ce ne fut qu'alors que j'osai sortir de mon asile. Je n'avais point défendu ma malheureuse amie, sachant bien que, sans pouvoir la sauver, j'aurais subi le même sort. Frappée d'horreur et d'effroi, j'eus à peine la force de regagner ma cellule. Avant de passer la porte de celle d'Agnès, je jetai un dernier regard sur le lieu où gisait sans vie cette fille naguère si aimable et si belle; je fis du fond de mon cœur une prière pour le repos de son âme, et je jurai de venger sa mort par la honte et le châtiment de ses assassins; ce n'est qu'avec bien de la peine et des dangers que j'ai tenu ma promesse. A l'enterrement d'Agnès, égarée par la douleur, j'eus l'imprudence de laisser tomber quelques mots qui alarmèrent la conscience coupable de l'abbesse. Je devins l'objet de ses soupçons ; on observa toutes mes démarches, on suivit tous mes pas; je fus environnée d'espions. Il s'écoula bien du temps avant que je pusse instruire les parents d'Agnès de mon fatal secret. On fit courir le bruit que cette infortunée était morte subitement. Cette fable fut crue, non-seulement par ses amis, dans la ville, mais même par les personnes qui, dans le couvent, s'intéressaient à elle. Le poison n'avait laissé sur son corps aucune trace. Personne ne soupçonna la véritable cause de sa mort; elle resta inconnue à tout le monde, excepté à ses assassins et à moi.

Je n'ai rien à ajouter; je réponds sur la vie de la vérité de tout ce que j'ai dit. Je répète que l'abbesse est un assassin; qu'elle a ôté du monde et peut-être du ciel une infortunée dont la faute était légère et pardonnable; qu'elle a abusé du pouvoir qui lui était confié; qu'elle a agi en tyran et en hypocrite. J'accuse aussi comme ses complices les quatre religieuses Violette, Camille, Alix et Marianne. Elles sont aussi coupables que l'abbesse.

La mère sainte Ursule finit ainsi son récit. D'un bout à l'autre, il avait excité l'horreur et l'étonnement. Mais lorsqu'elle en fut à l'assassinat d'Agnès, l'indignation du peuple s'exprima si haut qu'on eut bien de la peine à l'entendre jusqu'à la fin; le murmure augmentait d'un instant à l'autre. Enfin des cris s'élevèrent de toutes parts, demandant qu'on livrât l'abbesse à la fureur de la multitude. Don Ramirez s'y refusa avec courage. Lorenzo lui-même observa au peuple que l'accusée n'était point jugée, et l'engagea à laisser à l'Inquisition le soin de la punir. Toutes les représentations furent inutiles; le tumulte devint plus violent et la populace plus irritée. Ramirez tâcha vainement d'emmener sa prisonnière hors de la foule; de quelque côté qu'il passât, un attroupement lui fermait le passage et demandait à grands cris l'abbesse. Ramirez ordonna à sa suite de se faire un chemin à travers la multitude. Pressés par la foule, ses soldats ne purent pas même tirer leurs épées. Il menaça les plus avancés de la vengeance de l'Inquisition; mais l'effervescence était telle que ce nom terrible ne produisait plus aucun effet. Lorenzo, malgré l'horreur que lui donnait pour l'abbesse le souvenir de sa sœur, ne pouvait sans pitié voir une femme dans une position si terrible. Mais en dépit de ses efforts et de ceux du duc, malgré ceux de don Ramirez et de ses archers, le peuple continuait à les serrer de près; enfin il se fit jour au travers des gardes qui protégeaient sa proie, l'arracha de cet asile et se disposa à en faire une justice aussi prompte que terrible. Tremblante, égarée, sachant à peine ce qu'elle disait, la malheureuse femme demandait un moment de répit. Mais le peuple, tout entier à sa vengeance, ne l'écouta point. On lui fit toutes sortes d'insultes, on la couvrit de boue et d'ordure, on lui prodigua les noms les plus odieux; des hommes furieux se l'arrachaient les uns aux autres, et le dernier était toujours plus barbare que celui qui venait de la quitter; ils étouffaient par leurs cris de rage la faible voix dont les accents plaintifs imploraient leur pitié. Traînée au travers des rues, foulée aux pieds, accablée de coups, elle subit tous les tourments que peuvent inventer la fureur et la vengeance. Enfin un pavé lancé par une main vigoureuse vint la frapper à la tempe; elle tomba baignée dans son sang, et quelques minutes après elle termina son sort et son supplice. Quoique devenue insensible aux insultes de la multitude, elle continua à en recevoir les outrages. La rage impuissante de ses meurtriers s'exerça sur son cadavre, et ne s'arrêta qu'après l'avoir mutilée, défigurée, de manière à lui ôter jusqu'à la forme d'une créature humaine.

FIN DU TROISIÈME VOLUME.

www.ingramcontent.com/pod-product-compliance
Lightning Source LLC
LaVergne TN
LVHW012006220826
846092LV00001B/263